KRIEMHILD MAGYARI

OHNE VISUM UND VISIER

KRIEMHILD MAGYARI

OHNE VISUM UND VISIER

Gerstenberg Verlag Hildesheim

CIP-Kurztitelaufnahme der Deutschen Bibliothek

Magyari, Kriemhild:
Ohne Visum und Visier / Kriemhild Magyari.
[Ill.: Oskar Kreibich]. – Hildesheim :
Gerstenberg, 1978.
ISBN 3-8067-0794-4

Illustrationen: Oskar Kreibich
Herstellung: fotokop wilhelm weihert KG, Darmstadt
ISBN 3-8067-0794-4

INHALTSVERZEICHNIS

DAS GESCHENKTE LÄCHELN

Er stand am Fenster des Hochhauses und sah den Grashalmen zu, über die behutsam der Wind strich. Das Gras sah aus, als wolle es weglaufen in Fernen, die der Wind kannte und die er nun raschelnd preisgab. Sanfte gleitende Graswellen. Sie fächerten bis zum Zaun, wo die Windgrasspiele aufhörten. Zu Hause war das anders. In Naltschik am Schwarzen Meer. Da gab es Grasflächen ohne Begrenzung, und der Meereswind zauste darüber hin.

Zuhause, dachte der Mann. Ich habe Zuhause gedacht. Obwohl ich vor Stunden erst angekommen bin, denke ich zurück.

Er blickte zu Galina, ob sie seine Gedanken erraten hatte. Aber Galina, seine Frau, horchte zu der Wohnungstür, hier im zehnten Stock. Bald würde die Fahrstuhltür aufgehen, und sie hatten bereit zu sein. Die Wohnungstür stand offen, wie Alexander und Galina es von Naltschik her gewohnt waren. Die Gäste brauchten nur einzutreten. Der elektrische Türöffner an der Wohnungstür hier hatte Galina zutiefst erschreckt.

Sie waren angekommen, als erste Aussiedlerfamilie aus der UdSSR in dieser norddeutschen Stadt. Angekommen nach Jahren des Heimwehs, das fortweisend wie ein Flügelschlag war, sie nicht zur Ruhe kommen ließ. Heimweh, das hieß Deutschland, wo seit Ende des Krieges Galinas Schwester Lydia zu Hause war.

Mochten die Blumen im Garten vor dem Haus in Naltschik noch so vielversprechend blühen, ihr Duft hielt Galina und Alexander nicht zurück. Wer gehen will, dem bedeuten die Versprechen vor der Tür nichts mehr.

Galina und Alexander waren in der Ukraine geboren. Ihre deutschen Vorfahren waren dort eingewandert. Warum

gehörten sie nicht zu diesem Land? Alexander hatte es nicht sagen können. Von allem, das einst ihr Leben war, hatten sie sich gelöst, das Haus mit dem Garten als Geschenk gegeben. Nach den Bestimmungen der sowjetischen Behörden durfte es nicht verkauft werden. Es blieb für ein Danke zurück. Für ihre bedeutendste Reise trugen sie leichtes Gepäck.
In meinem Alter müßte man Boden gewinnen statt zu verlieren, hatte Alexander manchmal gedacht. Aber der mächtige Flügelschlag Heimweh flog über alle Bedenken hinweg. So war das eben.
Sie hatten Friedland hinter sich gelassen, voll gezähmter Unruhe, ein Lager, das kein Friedland war. Es müßte anders heißen, überlegte Alexander jetzt, Warte- oder Zwischenland; denn die, die hier ankamen, mußten den Frieden erst finden, jeder einzelne für sich allein.
Habt Geduld, ich hole euch fort vom Schwarzen Meer. Oft hatte Lydia das geschrieben, Lydia, der es nach dem Kriege gelungen war, nach Deutschland zu kommen. Aber sie erlebte ihre Ankunft nicht mehr. Der Tod stundet nicht. Auch wenn man dreiunddreißig Jahre auf ein Wiedersehen wartet. Galinas Schwester starb an Herzversagen. Sie hatte ihr Versprechen eingelöst, Schwester und Schwager nach Deutschland zu holen. Doch es gab keine Begegnung mehr.
Jahrelang hatten Galina und Alexander für die Ausreise gespart. An einem Sonntag war es soweit. Sie betraten deutschen Boden. Sie hatten ihr Ziel erreicht. Sie waren alt geworden. Und der dunkle Vogel Heimweh lauerte jetzt mit zusammengeklappten Flügeln in einer Ecke der Drei-Zimmer-Wohnung, die die Stadt zur Verfügung gestellt hatte. Er kauerte da und schwieg.
Alexander setzte sich zu Galina auf das angejahrte Sofa, das Einheimische gestiftet hatten, bevor es auf den

Sperrmüll kam. Alle Möbelstücke in der Wohnung waren Spenden, und die Aussiedler hatten dankbar zu sein. Die Möbel waren angekommen. Eine Station vor dem Sperrmüll. Sie selbst waren noch nicht heimgekehrt. Das würde lange dauern.

Als die Damen und Herren vom Bürgerverein, vom Heimkehrerverband und die Abordnung der Stadt zur Begrüßung eintrafen, zeigten Galina und Alexander ihre Frischaufgesichter mit dem „Es-geht-uns-glänzend-Blick“. Sie saßen nebeneinander auf dem Sofa, brav wie Schulkinder, Bereitschaft zeigend, Fragen beantwortend, „ja, es ist alles gut so“. Die Dame von der Presse kam später. Sie schrieb den Block voll und nahm ihn wie ein Beutestück mit. „Sie kommen weit her vom Schwarzen Meer – Erste Aussiedlerfamilie aus der UdSSR traf bei uns ein.“ Das gab gute Schlagzeilen.

Alexander ging wieder zum Fenster. In dieser Höhe zwischen den gleichförmigen Glasreihen kam er sich verloren vor. Nach 66 Lebensjahren in der Ukraine konnte man hier schnell verlorengehen. Aber solche Gedanken durften keinen einholen, der heimfinden wollte, und Alexander und Galina wollten heim. Galina trat neben ihn ans Fenster, und er fühlte ihren ruhigen Blick.

Sie schwiegen lange. Dann sahen sie es. Das fremde Gesicht im Fensterrahmen gegenüber, auf dem ein Lächeln blühte, das ihnen galt. Die junge Frau mit dem Kind auf dem Arm winkte ihnen freundlich zu und rief etwas, das man aus der Entfernung nicht verstand. Sie winkten zurück, und das Lächeln überbrückte die Leere, ein Lächeln, das wie zaghafte Verheißung war.

Darauf allein kam es an. Es erweckte Hoffnung in Galina und Alexander, und es war mehr als alles andere, das sie bisher erhalten hatten. Mehr noch als sie zu diesem Zeitpunkt erwarten konnten. Es war ein Zeichen, das ihnen die Zukunft als Geschenk überließ. Sie wußten es beide und glaubten daran.

11

DAS GEKAUFTE WEIHNACHTSFEST

Wieder würden die Glitzersplitter hinter den grünen Vorhängen wie Almosen in sein Zimmer fallen, die Schattenspiele der Betonblock-Gegenüber ihn ans Fenster ziehen, so daß er für Minuten seine Einsamkeit vergaß. Seit Jahren kamen die Weihnachtsfeste zu ihm als fremde Scherenschnitte, und er fing sie in leeren Händen auf. Alt waren diese Hände geworden, sie wußten von der Müdigkeit der Jahre und der Feste, die in geschlossener Gesellschaft stattfanden, zu denen er keinen Zutritt besaß.

Seine Rente erlaubte ihm eines Tages, die alte Wohnung aufzugeben und ins Neubauviertel zu ziehen; zu den jungen Familien und den Balkonkästenreihen, in denen im Sommer Petunien blühten, zu dem Guten Tag im Treppenhaus. – Er hatte gehofft, sich einzufädeln in nachbarliche Familienalltage, nicht irgendeiner seiner Generation zu sein. Das würde Resignation bedeuten, und er fühlte sich noch zu rüstig dazu. Aber die beigefarbene Balkonfassade mit dem verwegenen Balkonschwung hielt nicht, was sie von außen versprach. – Schon morgens horchte er auf die Geräusche von nebenan, er erkannte seine Nachbarn am Klang ihrer Schritte, wenn sie fortgingen und wieder heimkamen. Nachmittags schaltete er den Fernseher an, das Lachen der Kinder von nebenan im Ohr. Das hatten sie gemeinsam, die Jungen und der Alte, das Kinderstundenprogramm. Es war eine Brücke, die ihn manchmal zu den Nachbarskindern trug. Er konnte mit ihnen im Fahrstuhl reden, weil er wußte, wer ihre Helden waren.

Aber das war es nicht, was er erhoffte, es war zu dürftig, um Jahre zu bestehen. Ich werde schreiben, sagte er sich. Er schrieb rechtzeitig, schon Anfang November, klebte entschlossen das Kuvert zu, und er legte seine ganze Hoffnung hinein. Dann wartete er. Vierzehn Tage später erhielt er Antwort. Er zögerte lange mit dem Lesen, entschloß sich nur zaghaft zum Griff nach dem Brillenetui. Lieber Onkel, las er dann. Vielen Dank für Deinen ausführlichen Brief. Es freut uns, daß es Dir gut geht. Die Kinder sind gesund. Leider können wir Dich zu Weihnachten nicht einladen. Wir haben in unserer engen Wohnung keine Schlafgelegenheit für Dich. Du würdest Deine Behaglichkeit vermissen. Uwe wünscht sich einen Modellbaukasten und Inge ein Spielmagazin. Ich grüße Dich im Namen der Kinder. Deine Nichte Ruth.

Er lag lange wach in dieser Nacht, die Uhr tickte nutzlose Stunden, erst am Morgen fand er Schlaf. Aber er wollte nicht aufgeben. Diesmal nicht. Wieder schrieb er, und überraschend kam nach vier Tagen ein Brief. – . . . Wir haben beschlossen, die alte Couch vom Speicher zu holen als Schlafgelegenheit für Dich. Wir werden sie im Wohnzimmer aufstellen. Es wird schon gehen. Dein Vorschlag, Deine Monatsrente diesmal an uns zu überweisen, hat viel Zustimmung ausgelöst. Da kann manches Nötige gekauft werden . . . Teile uns rechtzeitig Deine Ankunft mit. Deine Nichte Ruth.

Diesmal lächelte er, als er den Brief zur Seite legte, seinen Mantel anzog, um nach draußen zu gehen. Er trug das Lächeln wie eine Maske in die Kulisse der Weihnachtsbeleuchtung, die es wie eine höhnische Provokation zurückwarf.

Er ging durch die Straßen mit den trostlosen Schritten eines Mannes, dessen Wert in Scheinen meßbar war. In einem Schaufenster erblickte er einen Flitterengel. Aber der Engel hatte glanzlose Augen, er blickte niemanden an. In den Händen trug er ein silbernes Band mit den Worten: Freuet Euch.

13

ALS DER KRIEGER FIEL

Dreimal änderte die Straße ihren Namen. Zuerst hieß sie Hauptstraße. Ich war sechs Jahre und entzifferte die Buchstaben. Weiß auf Blau. Die Straße begann am Bahnhof und endete an einem Hügel, dem Vogelberg. Eine Polterstraße, maulwurfsbucklig, die Post-, Müllabfuhr- und Beerdigungswagen ihre Musik gab. Manchmal fuhren Hochzeitskutschen über das Pflaster. Dann wurde die Musik leiser, das Gesicht der Straße feierlicher.
Diese meine Straße ging wie ein Faden durch meine Kindheit und Jugend. Der Faden hatte einen Knoten, das Rathaus, grau und knobelig mit Efeufassade und Steintreppen. Ein loser Knoten, der einen hindurchließ, wenn man klein war. Romanischer Rathausbogen wie ein Kreuzgang mit Licht und Schatten und einem Aushangkasten. Rechts vor dem Bogen stand der Krieger, gebildhauert für ein tausendjähriges Reich. Der Krieger sah niemanden an. Er überragte alle, er blickte über alles hinweg. Das war zu der Zeit, als die Männer vom Amt kamen und das Straßenschild wechselten wie eine Maske. Jetzt hieß sie Adolf-Hitler-Straße.
Wenn ich morgens Brot holte, sagte die Bäckersfrau „Heil Hitler, Gudrun“, zu mir. Das Brot war warm. Der Krieger kalt. Manchmal berührte ich ihn, flüchtig, im Vorbeigehen. Meine Hand reichte bis zu seinem Fuß. Einmal legte ich eine Schlüsselblume neben diesen Fuß. Sie sollte den Krieger trösten in seiner Einsamkeit. Er brauchte sie wohl nicht, weil er weiter geradeaus sah und zu warten schien auf einen Befehl. Der Befehl kam. Mein Vater und Bruder wurden Krieger, aber sie erreichten nicht die Größe des Rathauskriegers. Sie blieben klein, trostlos, verloren. Jetzt reichten meine Hände zum Saum des Kriegermantels.

„Du schießt zu schnell in die Höhe“, sagte meine Mutter. „Bald bist du eine Bohnenstange.“
Ich holte kein Brot mehr. Es gab nur noch wenig, man mußte lange in einer Schlange warten. Mutter übernahm das Brotholen, denn ich mußte pünktlich in der Schule sein. Wir lernten Schiller. „Festgemauert in der Erde steht die Form aus Lehm gebrannt.“ Die Kreisstadt brannte. Unsere Stadt blieb verschont. Ich schrieb es dem Krieger zu, der als einziger Krieger in der Stadt geblieben war. Wir sangen nicht mehr „Weißt du, wieviel Sternlein stehen“. Die Sterne konnten wir nicht mehr sehen. Unsere Fenster hatten Verdunkelungsrollos. Wir lernten die Sirenensignale und das Laufen in die Keller.
Dann kamen Tage, da lernten wir nichts mehr. Der Krieg war zu Ende. „Alles ist aus“, sagte unser Nachbar, der Amtswalter, und schoß sich eine Kugel in den Kopf. Zuerst kamen die Amerikaner. Sie besetzten das Rathaus und lachten über den Krieger. Dann wurden sie wütend über ihn, weil er sie nicht ansah, und bewarfen ihn mit Steinen. Die Amerikaner zogen vorüber und machten den Russen Platz. Die Russen lachten nicht. Ihre Wagen zerrollten die Straßen noch tiefer als die amerikanischen es getan hatten. Die Straße verlor die Musik, sie ächzte und zeigte Verletzbarkeit. Die Funktionäre lösten die Amtsverwalter ab. Im Rathaus kamen und gingen die Männer. Nur der Krieger blieb. Die Straße wurde namenlos wie ein Flüchtlingskind aus dem Osten.
An einem Sommermorgen wurde ich früh geweckt, mit wuchtenden, dröhnenden Schlägen. Bei meinen Schritten zum Fenster wurde es still. Der Krieger lag auf dem Gesicht, umgeben von Steinbrocken, seine Arme und Beine fehlten. Männer mit offenen Hemden wischten sich den Schweiß von der Stirn. Staub flog auf und deckte eine kurze Zeit das offene Loch in der Wand zu. Sie fuh-

ren den Krieger davon. Auf einem Wagen mit Gerümpel. Klein, arm- und beinlos lehnte er an der Wagenwand. Ich sah den Krieger an. Wir begegneten uns auf gleicher Höhe. Auch diesmal sah er mich nicht. Seine Augen waren blind. Niemand hatte es bemerkt, weil er so unüberragbar schien.

Sie vermörtelten die Wand, da, wo der Krieger gestanden hatte. Es blieb ein heller Fleck. Die Straße bekam ihren dritten Namen: Maxim-Gorki-Straße. Den Namen eines Dichters. Ihm wurde kein Denkmal vor dem Rathaus gesetzt.

DER DACHFENSTERSTERN

Er hatte nicht viel vorzuweisen, war nichts für Glanzpapier. Aber mich hielt er, als ich längst fortgegangen war und die Lichter des Ortes im Traum für mich brannten. Ich kam an einem Morgen an. Aber es war kein Morgen wie jeder andere, etwa der Ruhrgebietsmorgen, den ich zuletzt erlebt hatte, der aufflackerte wie eine Gaslaterne und im Dunst und Grau erlosch. Dieser erste Morgen in der Stadt blätterte auf wie ein Fächer und gab seine Farben preis: Watteweiß, Lichtgrün, Wolkenblau. In diesem Licht erschien die Stadt hüllenlos, sie akzeptierte meine Fremdheit, und ich erfuhr ihre Eigenart. Die Stadt und ich vertrauten einander. Es kamen andere leuchtende Morgen, aber keiner schien diesem ersten ebenbürtig. Die Farben wechselten, nur der hohe Bogen des Himmels und der Schwung des Horizonts schienen unveränderlich. – Ich mietete eine Wohnung mit dem Blick über die Stadt. Abends wurde das Singen der nahen Eisenbahnschienen lauter, klirrte hart gegen die Dachfenster an. Die Züge eilten wie Aufbruchmahner durch die Nacht, gegen meine Bleibe pochend, die mir uneinnehmbar schien. Ich ignorierte das Klirren und Pochen, um mir die Illusion dieser Heimstatt zu bewahren, des Endlich-Angekommenseins. Ich war länger als Odysseus unterwegs gewesen, und die Zeichen für ein Dauern standen gut.

Im Sommer pflanzte ich Geranien in den Dachbalkonkasten zwischen konkurrierendes Ziegelbraun. Ich schmückte die Rundbögen, die in die Zimmer führten, mit bunten Vorhängen und die Treppe zur Wohnungstür mit Teppichblau. Die Überlegenheit der Dach-Etage gab mir ein Gefühl von Geborgensein. Ich lebte mit der Stadt in Harmonie. Das war es, was ich gesucht hatte. An hellen Tagen waren die Straßen wie blankgeputzt, das Nordlicht machte sie makellos. Mit Einheitsgesichtern rückten die Neubauten gegen die Bürgerhäuser an, ohne ihnen ihre Würde zu nehmen. Ich erlebte drei Jahre in dieser Stadt, die etwas zurückholte, was ich verloren hatte: die Erinnerung an meine östliche Kindheit. – Aber das Mahnen der Fernzüge war unüberhörbar, griff mit Schattenstimme meine Träume an. In klaren Nächten fiel ein Stern in die Dachfensterschräge. Ich schloß mit ihm Freundschaft. Doch wenn ich glaubte zu bleiben, und es ihm zurief, blinzelte er spöttisch und überlegen, als gäbe es nirgendwo Herbergen, als hätte nur Weiterziehen Sinn. Der Ort, in dem ich gern geblieben wäre, liegt jetzt Jahre hinter mir. In meinen Träumen kehre ich zurück, zu der Vertrautheit des Dachfenstersterns, dessen Traumblinzeln jetzt frei von Spott ist.

19

DAS FENSTER

Der Zug fuhr dem fahlen Morgen entgegen, entlang an schläfrigen Weiden mit emaillefarbenen Pferden, deren Zottelmähnen wie Zittergras bebten. Er saß am Fenster mit Augen, die die Weite der Landschaft suchten. Zuweilen lächelte er in den blaßblauen Himmel hinein, der sich jetzt wie aus Nebelpapier auswickelte und makellos glatt wurde. Ich saß ihm seit Stunden gegenüber, dem Mann mit seinem fernen Lächeln. Wir fuhren in den nordischen Morgen hinein. Plötzlich wurde sein Blick nah, er sah mich sanft an. „Ich fahre nach Hause", sagte er leise.
„Waren Sie lange fort?" wollte ich wissen. Er strich sich über die schütteren Haare. „Zu lange", sagte er dann. Er begann, mich zu interessieren. Nicht etwa, daß etwas Besonderes an ihm gewesen wäre. Er war eher unauffällig. Aber sein Gesichtsausdruck war von seltener Intensität.
„Wie schön, daß Sie jetzt nach Hause kommen", versuchte ich das Gespräch in Gang zu halten. Er nickte ernst. Aber mir schien es, als sei wenig Freude in ihm. Eher ging von ihm Feierlichkeit aus, so wie man sie auf Begräbnissen spürt.
„Sie können das Fenster sehen", sagte der Mann. „Der Zug fährt an dem Haus vorbei." Mein Reisebegleiter blickte auf seine Uhr, in der sich jetzt die Sonne spiegelte. „In dreizehn Minuten ist es soweit", sagte er. „Es ist ein schönes Fenster, dreieckig in einem blauen Haus", begann er wieder. „Oft habe ich dahintergestanden und den Zügen entgegengesehen." – „Wird diesmal jemand am Fenster stehen?" fragte ich zaghaft. Er sah mich mit seinen Wanderaugen an. „Alle werden sie dort sein", sagte er. „Sie erwarten mich."
Plötzlich verschloß sich sein Gesicht wie ein Etui. Er wandte sich von mir ab, wurde wieder fern, für Worte un-

erreichbar. Von jetzt an schwieg er wieder.
Kurz vor der nächsten Station wurde er unruhig. Fahrig fuhren seine Hände durch die Haare. Er erhob sich und zog das Zugfenster herunter. „Kommen Sie“, sagte er mit heiserer Windstimme. „Gleich ist das Fenster zu sehen.“ Ich trat neben ihn. Sein Gesicht wurde weich und verletzbar. Er hob die Hand wie zum Gruß und sagte: „Da, jetzt – das blaue Haus.“ Der Zug fuhr langsamer, und ich sah das dreieckige Fenster in dem blauen Haus wie einen scharfen Scherenschnitt. Aber niemand stand dahinter.
Der Mann schloß das Zugfenster und setzte sich wieder in seine Ecke, als der Zug in den Bahnhof einfuhr. Sein Gesicht zeigte jene kleine Traurigkeit, die mich auf seltsame Weise ergriff. Er machte keine Anstalten, seine Reisetasche zu nehmen und den Mantel anzuziehen. Als der Zug hielt, saß er reglos da mit verhangenem Gesicht. „Sie müssen aussteigen“, sagte ich behutsam. Aber der Fremde rührte sich nicht. Ich wurde unruhig. „Sie sind zu Hause, beeilen Sie sich“, begann ich wieder.
Der Schaffner kam ins Abteil. „Lassen Sie ihn“, sagte er leise. Ich folgte ihm auf den Gang hinaus. „Wir kennen ihn“, sagte der Schaffner. „Er fährt seit Jahren diese Strecke. Einmal ist er hier zu Hause gewesen, in dem blauen Haus mit dem dreieckigen Fenster. Das ist lange her. Es war sein Vaterhaus. Er hat es beim Spiel verloren. Seitdem spielt er seine Heimkehr.“ Der Schaffner ging weiter, und ich ging ins Abteil zurück. Der Mantel verdeckte das Gesicht des Mannes. An der Endstation stiegen alle aus, nur er nicht. Er hatte eine Rückfahrkarte und fuhr im selben Zug zurück.

21

ERINNERUNG AN NAMENLOSES

Kein Zweifel – er war im Kurs gestiegen, seitdem die Grenze hinter ihm lag. Das Gleichmaß seiner öden Tage, das ihn sonst wie ein statischer Zaun umschloß, ließ Lükken frei. Sie waren jetzt wie verheißungsvolle Ausblicke für ihn. Er, ein Westpensionär, reiste zu Verwandten nach Mitteldeutschland, und mit jedem hinterlassenen Kilometer schälte er sich aus der Isolation.

Zu Hause, in seinem kleinen Dorf, kannte man ihn, aber zu mehr als dem Tagesgruß reichte es nicht. Alle, die er mochte, waren vor ihm gegangen. Er blieb, neunundsiebzigjährig, allein zurück. Opa Ferdinand, wie ihn die Kinder seiner Wirtsleute nannten, trug seine Jahre noch aufrecht und würdig, und der Blick seiner Augen war ungetrübt.

Doch jetzt, im hoffnungsfrohen Rhythmus des Zuges, ging mit ihm eine Wandlung vor. Mit dem Rattern der Räder verjüngte er sich. Bevor der Zug für Opa Ferdinands großen Augenblick hielt, prüfte er noch einmal den Sitz der Krawatte, strich über den akkuraten Seitenscheitel, und der Ansatz eines Lächelns zeigte sich schon. Cousine Huldas Jägerhütchen schien aufzublühen und erreichte Opa Ferdinands suchenden Blick.

„Willkommen daheim!“ sagte Hulda unter Tränen. Erst jetzt wurde dem alten Mann bewußt, daß dies hier sein Geburtsort war. Er hatte ihn in den Jahren ausgestrichen, frühzeitig in Tiefen abgelegt.

„Erich und die Kinder kommen in einer Stunde von der Arbeit. Sie freuen sich schon sehr auf dich.“ Das sagte Hulda, als sie im Taxi die Bahnhofstraße entlangfuhren, und er sah die Fotogesichter von Huldas Familie vor sich.

Er blickte aufmerksam aus dem Fenster. Aber schon hinter dem Bahnhof hätte er den Ort seiner Kindheit nicht wiedererkannt. Wo früher Dahlien und Wicken in Gärten blühten, gaben neue Straßenviertel der Stadt ihr Gesicht. Nur der Marktplatzlöwe auf dem Springbrunnen zeigte Standhaftigkeit. Alt und verwittert, steinaugentrüb, blickte er Ferdinand nichtssagend an.

In der Hauptstraße, die jetzt Thälmannstraße hieß, hatte einst sein Geburtshaus gestanden. Hulda schob ihm jetzt in der behaglichen Vierzimmerwohnung eines Neubaublocks den gestern gekauften Schaukelstuhl zu. „Du behandelst mich wie Glas", sagte Ferdinand lächelnd. Nach den tatenlosen Tagen zu Hause tat ihm ihre Fürsorge wohl.

Dann kamen Erich und zwei erwachsene Mädchen, und sie schenkten ihm ihre Aufmerksamkeit. Er packte Geschenke aus, legte Westgeld für den Intershop auf den Tisch.

Sein Aufenthalt hatte sich herumgesprochen. Man klopfte ihm auf der Straße auf die Schulter, lud ihn zu Kaffee und Kuchen ein. Selbstgeschlachtetes, Selbstgeerntetes, Selbstgekeltertes wurde präsentiert. – Opa Ferdinand war wie in jungen Jahren begehrt. Besonders bei den arbeitsamen Witwen stand er hoch im Kurs. Sein Vorrat an Kaffeepäckchen, Seifen, Cremes schien unerschöpflich, er breitete sie vor den Gastgeberaugen aus. – Er ließ seine Aufenthaltsgenehmigung um zehn Tage verlängern, sonst hätte die Zeit für seine Besuche nicht ausgereicht. Die Beachtung, die ihm zuteil wurde, machte ihn aufnahmefähig für die westlichen Wünsche der Witwen. Er notierte sie gewissenhaft mit verständnisvollem Blick.

Und dann kam der Tag seiner Abreise. Aber er stimmte ihn nicht froh. Hulda hatte seinen Koffer gepackt und Äpfel aus dem Garten hineingelegt. Ihr Duft erinnerte ihn an etwas Namenloses, das er einmal gespürt hatte, für das er keine Worte mehr fand.
In seiner Brieftasche bewahrte er die Wunschliste der Zurückbleibenden. Er versprach, Päckchen zu schicken und kalkulierte dafür eine Monatsrente ein.
Alle waren sie zur Bahn gekommen, alle, an deren Tisch er einst gesessen hatte, standen zu seinem Abschied bereit. Benommen stieg Ferdinand in den Zug. Hulda umarmte ihn wieder unter Tränen und sagte viele Male: „Schreib mal." Auch die Witwen zeigten Trauer. Sie standen mit ihren Einheitshüten da wie ein Wald von verknorpelten Weiden und winkten ihm ihre Wünsche nach. Sie winkten auch noch, als der Zug die Biegung erreichte und Ferdinand das Fenster schloß.
Er setzte sich auf seinen Platz, wischte mit dem Taschentuch über sein Abschiedsgesicht – und die Leere in ihm war grenzenlos.

24

DAS RÜBENFELD

Wenn Sie mich nach meinem Zuhause fragen, ich wohne im Dreieck. Einem gezirkelten Grenzzipfel, geometrisch exakt auskalkuliert. Zwischen statischer Kulisse aus Stahl, Beton, Draht.

Von den Wachttürmen der Grenzsoldaten zuckt der Schrei der Krähen herüber. Manchmal setzt ein schwarzer Grenzgänger zum Flug in meinen Kirschbaum an, kein Schuß fällt, es lohnt nicht. Krähen sind weder volkseigen noch republikflüchtig. Ihre Freiheit kann man nicht in rote Spruchbänder wickeln oder gesetzlich registrieren.

Einen Krähenflug von mir entfernt liegt das Rübenfeld. Windbewegtes Grün vor getarntem Tod. Kein Schritt über das Feld hinaus. Nachts glaube ich manchmal, die Explosion zu hören, aber es ist der Fensterladen, der gegen die Hauswand klappt. Ein Hase im Stacheldraht, und das Lachen der Soldaten so nah. Uniformierte Hüter, Grenz- und Bruderhüter.

So wohne ich. Im Grenzhaus. Mein Leben ist eingerahmt zwischen Kirschblüte und Rübenernte, durch Stacheldraht getrennt. Ich sollte fortgehen, weiter in das halbe Land hinein. Aber da ist das Rübenfeld.

Zum ersten Male sah ich ihn durch die Zweige meines Kirschbaumes. Eine aufgerichtete Gestalt im Arbeitskittel, junges, klares Gesicht, helles Haar. Er stand an der Grenze des Feldes und blickte mich an. Es war ein Tag im September, der Himmel wie hingetuscht und das Feld reif zur Ernte. Dann bückte er sich, zog die Rüben aus der Erde und baute sie zu einem Wall. Immer, wenn er sich aufrichtete, blickte er zu mir herüber. Seine Augen waren wie Kirschen kurz vor dem Reifen, mit tiefem, dunklem Glanz.

Schweigen lag über dem Feld. Kein Feuer flammte, um das Kraut zu verbrennen. Die Ernte war lustlos. Er legte die Rüben in einen Korb, sie waren wie Kranke auf einem Schlachtfeld, der barmherzigen Hand des Samariters überlassen. Der Fremde war weiter als die anderen Bewohner gekommen. Bis zum Niemandsland. Er besaß ein Grenzfeld und die staatliche Erlaubnis, die Früchte zu ernten.

Es wurde ein gleißender Herbst. Wir sahen uns täglich. Ich begann, auf die Stunde zu warten, in der er kommen mußte. Dann bezog ich meinen Posten im Kirschbaum. Immer kam er um die gleiche Zeit. Wir kamen uns so nahe wie Fremde, die sich Briefe schreiben, aber sie niemals abschicken. Stets sandte er mir das gleiche zaghafte Lächeln über Rübenberge und Stacheldraht. Einmal rief er mir etwas zu. Worte, vom Wind verwischt, wie niemals gesprochen. Dann kam der Grenzposten mit dem Hund und schrie ihn an. Die Dienststimme und das Hundebellen bauten eine Wand ohne Fenster, durch die kein Lächeln drang.

Die nächsten Tage wartete ich vergebens auf ihn. Das Feld war erst halb abgeerntet, auf die Rübenblätter tropfte der Regen, der Acker glich einer offenen Wunde.

Dann kam der andere. Alt, krummrückig. Er kümmerte sich um die restlichen Rüben, emsig und ernst. Kurzbeiniger, krummrückiger Maulwurf, der Erde verhaftet. Nie sah ich sein Gesicht.
Ich versuchte, ihn anzusprechen. „Können Sie mich hören?“ rief ich über die Grenze. Die Grenzsoldaten kümmerten sich nicht um mein Rufen und den Alten. „Wo ist Ihr Vorgänger?“ wollte ich wissen. „Warum erntet er sein Feld nicht ab?“
Der Mann wandte mir wie immer den Rücken zu, erdgesichtig, stumm. Er hörte mich nicht, und wir sprachen nicht die gleiche Sprache. Später erkannte ich, daß der Mann taubstumm war. Dazu ausgesucht, das Werk des Fremden zu beenden. Stummer Einsatz einer Vogelscheuche vor der Tür zum Niemandsland.
Ich wohne im Dreieck, einem gezirkelten Grenzzipfel, geometrisch exakt auskalkuliert. Noch immer warte ich auf die Rübenernte, auf den Fremden, der seine Worte dem Wind überließ.

GELBES GITTER

Hinter dem Fenster wirbt der Kaffeeduft einer einsamen Geburtstagsfeier um Meißener Porzellan. Sie ist heute siebzig. Sie sitzt im Sessel, den Tod als Nachbarn. Bald wird er zum Pas de deux bitten. Sie feiert ihren Geburtstag. Der Sessel ist tief und warm. Ihre Erinnerungen nisten in seinem Plüschpolster wie Blumen im Gewächshaus.

Wenn die Sonne das gelbe Gardinengitter streift, fallen flüchtige Schattenmuster wie Netze auf ihre Hände, dünne Mosaike aus Schattengarn, kleine viereckige Fenster, durch die sie schauen kann. Dann sieht sie ihre Straßen. Das ist ihre Feierstunde. Sie sperrt den Tod aus mit ihren Händen und fängt noch einmal an. Manchmal geht sie ein paar Schritte auf die Straße.

Aber heute ist sie siebzig. Heute bleibt sie zu Hause mit Kaffeeduft und Porzellan. Sie hat ihr gelbes Gardinengitter, das die Sonne lebendig werden läßt wie lautloses Lächeln. Vor dem Fenster geht das Leben an ihr vorbei, manchmal eine Verbeugung zurücklassend.

Wenn sie morgens am Fenster steht, sieht sie die Soldaten vorüberziehen, lange, graue Zeilen. Dann denkt sie an Rathenow. An die Kasernenwohnung und weltweite Brillen. Tausende geschliffene Gläser für unbekannte Augen, die bebrillt und gesplittert in sie hineinschauen. Ihr Mann ist unter den Tausenden, die das Tausendjährige Reich verteidigen, im Gleichschritt, säbelschwingend, taktiert von blankpolierten Stiefeln, deren Absätze sicher schienen wie die Beamtenpension. Bis er vor Kiew aus dem Gleichschritt kam, in Anonymität sank, sie allein ließ hinter dem Fenster mit dem gelben Gitter.

Vielleicht kommt heute jemand, denkt sie und fragt die Kuckucksuhr, die ihr die Stunden wegtickt wie ein gefräßiger Vogel. Als es dunkel wird, klopft es an ihre Tür. Mit zittrigen Händen öffnet sie. „Ich möchte mit Ihnen reden“, sagt der Hauswirt. Sie kramt in der Schublade und hält ihm die Quittung vor. „Die Miete ist bezahlt“, sagt sie. „Siebzig Mark.“ „Das ist es nicht“, sagt der Hauswirt. Er kommt selten zu ihr. Sein Blick geht zum wertvollen Porzellan. „Ich habe heute Geburtstag“, sagt die Frau. Der Hauswirt steht und schweigt. „Nicht die Miete?“ fängt sie noch einmal an. „Nein, nichts, ich habe mich geirrt“, sagt der Hauswirt und geht hinaus. Sie kann es nicht verstehen wie so vieles, das jetzt geschieht.

„Wie nimmt sie es auf?“ fragt seine Frau im Korridor. Er sieht sie lange an. „Sie wird bei uns wohnen bleiben. Immer. Ich habe ihr nichts gesagt.“ – „Und der Techniker?“ fragt sie. „Das Doppelte hätte er für das Zimmer gezahlt“. – „Er wird weiter suchen müssen, er ist noch jung.“ Der Hauswirt sieht seine Frau nicht an. „Wo sollte sie denn bleiben?“ Und nach einer Pause: „Sie hat heute Geburtstag“, sagt er, „sie ist heute siebzig“.

29

ROLLENDE MÜNZE

Es lag neben dem Stein, rund, glänzend, makellos. Er entdeckte es, als Katjas Waffel rutschte, ein rosa Eistupfen zu Boden kleckste, die Teerdecke benetzte, weitarmig, wässerig sich ausbreitete. Er bückte sich, ließ es zwischen die Finger gleiten. Es war warm von der Sonne, glatt, neu und lag angenehm in der Hand. Der Mann drehte den Kopf zur Seite, niemand hatte es gesehen, das, was so leicht in seiner Hand wog, niemand beachtete ihn. Er hielt es in die Sonne, es blendete seine Augen, faszinierte ihn.

„Was ist das, Onkel Martin?"

Er wendete sich zu der Vierjährigen und lächelte. „Geld, Katja, ein Fünfmarkstück!"

„Es ist schön!" Katja nahm es in die Hand, die kleinen Finger umschlossen das Runde, ungeschickt, lose. „Ich habe nicht gewußt, daß Geld so schön ist", sagte sie altklug.

„Was kaufen wir dafür?"

„Wir müssen es abgeben", erklärte Onkel Martin. Es betrübte ihn. Traurigkeit breitete sich aus, ein lächerliches Gefühl. Aber es war da. Er, Martin Szerwinski, 59 Jahre alt, war traurig eines Fünfmarkstücks wegen, das nicht ihm gehörte.

„Warum müssen wir es abgeben?" Katjas Stimme klang dunkel.

„Jemand hat es verloren."

„Woher weißt du das?"

„Weil Geld nicht auf der Straße liegt, man muß es verdienen!"

„Und wenn wir es behalten?" Katjas Augen wurden lauernd, erwachsen, erschreckten ihn. Er nahm das Fünf-

markstück an sich, steckte es in die Manteltasche, legte die Hand darüber.
„Es gehört nicht uns."
Das Kind erkannte, Onkel Martins Stimme klang anders, härter, gereizter. Katja schwieg und trottete neben ihm her. Die sanfte Freundlichkeit war weggewischt, Onkel Martins Schritte hörten sich bedrückend an. Vieles war anders geworden.
Sie gingen an der Gärtnerei vorbei, dem Gewächshaus, aus dem es gläsern bunt schimmerte, überquerten den Kinderspielplatz, staubig, mit einer Lärmglocke überstülpt, und bogen in die Feldstraße ein.
„Warum hast du es aufgehoben, wenn es dir nicht gehört?" fragte Katja.
Onkel Martin konnte es nicht sagen. Er schämte sich, er, ein Mann, an der Schwelle des Alters, den Geld faszinierte, weil die Sonne darauf geschienen hatte, es glänzend und verlockend überstrahlte.
Was sollte Katja denken? Er war ein Trottel, ein unverbesserlicher Kindskopf, ein Träumer in Spielhosen. Katja tat ihm leid, wie sie an seiner Seite ging, verwirrt und nichts verstehend. Ihr Gesicht, klein und wach, zu Boden gekehrt, ein Hund auf der Suche nach etwas Spürbarem. Das Klare, Einfache, vor wenigen Minuten noch dagewesen, war undurchdringlich geworden. Ein Mann und ein Kind, beide töricht, mit einem Zipfel der Versuchung inmitten einer Realität, die sie nicht berührte.
In diesem Moment wußte er es. „Wir wollen so tun, als ob es uns gehört, Katja, wir spielen Schöne-Dinge-Kaufen."
Seine Stimme hatte die alte Fröhlichkeit, war biegsam, warm. Katja hüpfte über das Pflaster, schwang die Arme.
„Was kaufen wir?" fragte Onkel Martin.
„Einen Luftballon", sagte Katja, „und rot muß er sein mit einem Band, lang und fest."

„Macht fünfzig Pfennig", stellte Onkel Martin fest. Katja streckte ihren Arm, zog den imaginären Luftballon hinter sich her. Für sie war er rot und tanzte im Wind, lustig, hell, wie ein seltener Falter.

„Und dann fahren wir Riesenrad!" Eine Mark fünfzig, rechnete Onkel Martin. „Und . . . und ein Lebkuchenherz, ein Glückslos, viele Glückslose", begeisterte sich Katja.

Onkel Martin sah nicht den grünen Gartenzaun, nicht die leuchtenden Sonnenblumen, an denen sie vorbeigingen, nicht den Bauplatz und die Asphaltstraße. Er war ein kleiner Junge, etwas älter als Katja, und kaufte alles, wonach sein Jungenherz sich sehnte, die schönen, zauberhaften Dinge, die unbegreiflich glücklich machten.

Onkel Martin hatte sie nie besessen, war an ihnen vorbeigegangen, ein Leben lang, hatte den anderen nachgeschaut, die nicht vorübergingen, die mittendrin waren, umwogt von der Musik auf dem Jahrmarktplatz, im Schweben des Riesenrades über den Dächern der Stadt. Er war vorbeigegangen, und die Buntheit blieb zurück, eingehüllt in Zellophan und unantastbar.

„Einen Bausch Zuckerwatte, einmal Achterbahn, eine Lakritzstange", schmetterte Katja, das Stakkato der Füße auf dem Pflaster.

„Halt!" rief Onkel Martin. „Hör auf, Katja, wir haben kein Geld mehr, alles ausgegeben."

Sie gingen durch die Straße, die Zuckerwatte, das Lebkuchenherz, Lakritzstange und Glückslose und den roten Luftballon in leeren Händen. Das Riesenrad drehte sich, und die Achterbahn, ja, die Achterbahn mit ihrem blechernen Getöse, wundervoll schrecklichem Gepolter. Sie gingen zwischen den Menschen, verzaubert durch die Phantasie und sehr fern.

Der Berufsverkehr wogte ihnen entgegen; zwischen den Eiligen, Ungeduldigen waren Katja und Onkel Martin, mit ihren fernen Schritten, fremd, isoliert. Vor einer Verkehrsampel stockten sie, Katja hielt immer noch ihren Luftballon, streckte den rechten Arm weit aus, streifte ein junges Mädchen mit der Hand, die nichts hielt, und flüsterte, das Gesicht der Fremden zugewandt:
„Er ist rot!“
Das fremde Mädchen lächelte. „Sie ist rot!“ korrigierte sie und meinte die Verkehrsampel.
„Er ist rot!“ sagte Katja bestimmt. Die Ampel schaltete auf Grün, brachte die Menschen in Fluß, schob sie in alle Richtungen. Das Mädchen verschwand. Katja und Onkel Martin gingen eingekeilt zwischen fremden Menschen. Onkel Martin summte eine Melodie, Petruschka, die Holzpuppe, wurde lebendig, sie tanzte nach Strawinsky. An der Straßenbahnhaltestelle erwachte Onkel Martin. Er fühlte das Geldstück in der Tasche, hart, mahnend, nahm es in die Hand. Alles war verschwunden, die Sonne von Wolken verdeckt, sie hatte dem Geldstück Glanz gegeben. Die Hastenden zerstörten das zarte Gebilde, das zwischen Onkel Martin und Katja war. Auch Katja empfand es. „Alles aus“, sagte sie.
Onkel Martins Finger öffneten sich, ließen das Geldstück frei, er wollte es nicht, aber es rollte, rollte über die Pflastersteine zwischen die wartenden Menschen, nicht mehr glänzend, matt und normal, aber immer noch rund und makellos, und blieb in der Rille der Schiene liegen.
Und Jahrmarktsmusik und Budenzauber waren weggerollt, weggewischt, plattgewalzt. Ein kleiner Junge bückte sich, reichte das Geldstück einem Nebenstehenden. Der Mann war groß und breit und hatte einen Hut auf. Er pfiff durch die Zähne, nahm es an, das Fünfmarkstück, das Onkel Martin gefunden und verloren hatte.

Der Fremde lächelte, hielt es fest, das Verlorene, Gefundene und Wiederverlorene, hielt es mit derben, dicken Fingern, zog sein Portemonnaie und sagte „Danke."

PAULCHENS AMEN

Die Kirchentür knurrt mich kantig an, als wäre ich immer fremd gewesen. Staubbänder bilden Barrieren, doch ich gehe durch das Sonnenlicht ins Dunkel der Kirchenbänke hinein. Bläserbackige Barockengel an der Kanzel, aber ich höre ihre Musik nicht mehr. Zu lange bin ich fortgewesen und für einen Tag nur heimgekehrt.
Noch immer wendet der Gekreuzigte den Kopf zur Seite, links zur ersten Empore hin, aus der sich behutsam ein Schatten löst. Zeit rollt zurück in ferne Tage, und ich sehe Paulchen, den Frommen, dort sitzen, maulwurfsrückig unter barockem Gold. Maulwurfsrückig hatte ihn die städtische Straßenkehrerei gemacht, aber fromm war er schon als kleines Kind.
Paulchen hatte nicht viel im Leben, aber die Kirchensonntage haben ihm gehört. Jeden Sonntag in der Kirche warteten wir Kinder auf Paulchens Amen. Es kam immer einen Takt zu früh, als fürchte er, je zu spät zu kommen. Erst dann setzte das Gemurmel der Gemeinde ein. Paulchens Amen allein hatte für uns Kinder Gültigkeitswert. War es rauhkehlig im Raum verhallt, sprangen wir aus den Kirchenbänken ins Sonnenlicht hinein, und das Amen von der Kanzel holte uns nicht ein.
Paulchen, der keinen Stammplatz im Leben, dafür aber einen in der Kirche hatte, war für uns der Schlußtonangeber, und Generationen von Predigern haben sich diesem vorzeitigen Amen gefügt. Am Solo-Amen hinter der Barockfassade wuchs Paulchen über sich selbst hinaus. Dann fielen von seinem besiegten Gesicht die Schatten, und es war Paulchen, als nicke ihm Christus zu.
Das Gold an der Empore blendet mich. Ich schließe die Augen, und ein neues Bild schwebt jetzt heran. Ich trage einen Faltenrock, und das befohlene Halstuch der Jun-

gen Pioniere flattert im Wind. Die Osterglocken in meinen Händen zeigen geknickten Unmut, da kommt Paulchen schwerfällig die Straße entlang.
Ich stehe auf der steinigen Wahlamtstreppe und memoriere meinen Wahltagsspruch. „Ich begrüße den Wähler und überreiche ihm diesen Blumenstrauß." Da steht Paulchen, der Fromme, vor mir, im Sonntagsstaat, das goldbeschlagene Gesangbuch leuchtet im Licht. Behutsam lege ich ihm die Blumen in die Hände, und mich treffen Augen der Ungläubigkeit. Paulchen windet sich verlegen, brummt etwas wie „aber wieso denn und warum ich", und hält hilflos die Blumen in der Hand.
Aber ich springe die Treppenstufen hinunter und sehe mich noch einmal um. Paulchen ist aus dem Gleichschritt gekommen. Er stolpert in das Wahlamt hinein, links die Blumen, rechts das Gesangbuch und Staunen in seinem verwirrten Gesicht.
Zu Hause verträume ich den Sonntagspudding. Ich denke über Paulchen nach, den gewissenhaften Straßenkehrer, den Amen-Solisten in Gottes Haus, dessen Amen jetzt nach Jahrzehnten wie damals in mir aufklingt.
Langsam erhebe ich mich. Paulchens Schatten weicht zurück in Dimensionen, in denen ich ihn nicht erreichen kann. Ich gehe auf das Kopfsteinpflaster hinaus und ziehe die Kirchentür behutsam zu. Der Himmel über mir ist makellos hell, als hätte ihn Paulchen blankgefegt.

KRÄHENHAUS

Den Interzonenzug verlassen und sechzehn graue Stufen hinauf. Die Richtung ist noch die gleiche, das Signal steht auf Verheißung, aber ich traue meinen Schritten nicht mehr. Eine Reise in die Vergangenheit gibt keine Garantien.

Der Zug, der mich zurückbringt, ist müde und morgengrau. Eine fahle Helle huscht über mein Gesicht. In der Biegung des Zuges, wo die Landschaft an Anmut verliert, kommt meine Kindheitsstadt in Sicht. Durcheinander, wie aus der Spielzeugschachtel, fällt sie von den Hängen ins Tal. Für eine DDR-Tagesgebühr kann ich die Spielzeugstadt jetzt kaufen, sie optisch weitertragen und wiederaufbauen, überall, wo ich später bin.

Alt und bescheiden, schüchtern fast, rollt das Schild mit dem Namen der Stadt auf mich zu. Damals, vor 19 Jahren, als ich fortfuhr, glaubte ich, das Schild nicht vergessen zu können, das schattenhaft hinter mir zerrann. Seitdem habe ich viele Stationen passiert, wollte immun bleiben gegen Schilder wie diese, mich nirgends mehr verankern, durch Türen der Vorläufigkeit gehen.

Ich warte auf etwas, als ich die Sperre passiere und hinter dem Holzzaun meine Rückkehr beginnt. Aber ich spüre nicht das Glimmen eines Funkens. Ich warte auf das Taxi und spüre nichts.

Ich fahre durch Straßen, die mir so fremd und vertraut erscheinen wie Straßen in Heidelberg oder Wien.

Sie kommen von drüben? fragt der Taxifahrer, ein junger Mann mit energischem Blick. Ja, sage ich, und überlege später, ob das ein Plus oder Minus für mich ist.

Sind Sie auf Verwandtenbesuch? will der Fahrer jetzt wissen. Ich bin als Touristin hier, sage ich.

Jetzt kommen viele, sagt der Mann hinter dem Steuer, aber die meisten haben hier einmal gewohnt.

Da ist die neue Schule. Der Fahrer zeigt auf ein Gebäude. Hier hat die alte Schule gestanden. Doch ich erkenne den Platz nicht mehr. Wo einst Fachwerkhäuser mit kleinen Vorgärten waren, bestimmen jetzt Betonkästen das Straßenbild. Der Springbrunnen am Marktplatz mit dem Löwenkopf sieht wie ein alter Mann aus, der als einziger seines Jahrgangs übriggeblieben ist.

Dann wünsche ich Ihnen schöne Tage, sagt der Taxifahrer, als er meine Koffer vor dem „Deutschen Hof" absetzt. Die Dame am Empfang macht mich darauf aufmerksam, daß ich mich spätestens am nächsten Tag anzumelden habe und drückt mir den Zimmerschlüssel in die Hand.

Von meinem Fenster aus kann ich zu den Kalksteinklippen blicken, von denen der Herbstwind in mein Zimmer weht. Immer brachte der Herbstwind meine Aufbruchsmelodie. Sie ist schwer zu ertragen. Deshalb verschließe ich sie, stelle sie ab, höre nicht hin.

Was willst du zurückholen? fragte Robert, als ich ihm von meinen Reiseplänen erzählte. In deinem Haus wohnen Fremde, du hast keine Verwandten, es gibt kein Wiederfinden mehr. Solche Reisen enden doch meistens mit Melancholie.

An diese Worte denke ich jetzt, als ich das Hotelzimmerfenster schließe. Ich werde ins Restaurant hinuntergehen.

Was wollte ich? Gab es hierauf eine Antwort? Robert fragte: Willst du etwas zurückbeschwören? Bist du nicht zu oft überall auf der Suche gewesen nach dem Platz, der wie ein Echo klang?

Wie ein Echo? Oft war ich nahe daran gewesen, das Echo zu hören, aber stets hatte es sich als Falschspieler entpuppt.
Ich bestelle Frühstück und bitte um Zeitungen, es ist noch zu früh, um Bilanz zu ziehen. „Junge Pioniere bauen Straßen aus“ – „Ernst-Thälmann-Chor ging als Sieger hervor“ – „Das Erntesoll mit 25 Prozent übererfüllt“ – lese ich. Auch ich hatte damals als Schülerin in „freiwilligen“ Aufbaustunden Straßen ausgebaut, ich hatte im Thälmannchor gesungen, und unsere Lehrerin hatte das Klassenziel übererfüllt.
Während ich mein Brötchen esse und die Schlagzeilen in der Zeitung überfliege, baut sich Frau Harpe, der düstere Geist meiner Schulzeit, drohend vor mir auf. Sie war meine Gegnerin über Jahre hinaus. Ich hatte einen Vater im Westen, das machte mich verdächtig, zumal der DDR-Staat mein Schulgeld beglich. Frau Harpe zog meine Hefte, Radiergummis und Kugelschreiber aus dem Westen ein, verschloß sie in der Schublade ihres Pultes, wie man Staatsfeinde hinter Mauern verschloß.
Ich, der unsichere Faktor ihrer Musterklasse, ging nach dem Abschluß meiner Schulzeit in den Westen davon. Die anderen aus meiner Klasse blieben, etablierten sich, und würde ich ihnen auf der Straße begegnen, gäbe es kein Erkennen mehr.
Ich erledige die amtlichen Formalitäten. Noch zögere ich, erst morgen gehe ich auf den Erinnerungsweg.
Ich bin früh auf den Beinen, die Stadt wirkt wie poliert und wimmelt von Menschen, die zur Arbeit gehen. Viele eilige Mütter mit Kinderwagen hasten mir entgegen. Ihre Werktagsgesichter schweben wie Seifenblasen vorbei. Ich stelle mir vor, wie sie die Babys in den Kinderkrippen abliefern, eine lebendige Ware, fein in Regale verpackt. Am Eckhaus in der Bahnhofstraße erblicke ich das ver-

rottete Schild von Milch-Meier. Auch Foto-Becke und Schreibwaren-Schulze sind noch immer am Platz. Augen mustern mich, die mich als Fremde einstufen. Ich werde von niemandem erkannt, von keinem gegrüßt.
Als wären nicht 19 Jahre vergangen, hängen im Schaufenster von Schreibwaren-Schulze noch die gleichen hellen Zettel mit den Privatanzeigen, auf Abfallpapier getippt. „Junge Terrier zu verkaufen" – „Suche Dieselmotor" – „Bohlenbretter abzugeben" lese ich.
Ich will weitergehen, mich von den Anzeigen lösen, da streifen meine Augen einen Zettelrand. „Hauptstraße 15" steht dort. Behutsam, ich merke es mit Staunen, fängt etwas in mir zu rinnen an. „Kunstvoll geschnitzter Schreibsekretär, Meisterarbeit, preiswert abzugeben", lese ich. Da ist plötzlich der Geruch von Holz; aus der Werkstatt meines Großvaters zog er zu mir in die erste Etage hinauf, hin zum Schreibsekretär, den mein Urgroßvater schnitzte, an dem ich über meinen Schulaufgaben saß. Hauptstraße 15. Das Haus, in dem ich meine Kindheit erlebte, hatte der Staat nach meiner Flucht in den Westen „kassiert". Der Schreibsekretär war unser Prunkstück gewesen. „Zu besichtigen bei Frau Lampe", stand jetzt dort.
Ich bleibe stehen und überlege. Soll ich diese Anzeige als Vorwand nehmen, um noch einmal in das Haus meiner Kindheit zu gehen? Der Plan ist verlockend, ich bin schon unterwegs, gehe mit eiligen Schritten die Hauptstraße entlang. Ich erblicke nicht die Häuser, denn ich sehe Frau Lampe, wie sie die fünf Sandsteinstufen emporsteigt, den Messingtürgriff drückt. Frau Lampe ist für mich eine junge Frau, sie hat bestimmt Kinder, die mit meinen Puppen spielen, meine Wege gehen. Sie sitzen am Sekretär, um Schulaufgaben zu machen, kramen in Kisten auf dem Boden, spielen Räuber im Kellergang. Vielleicht ist

Frau Lampe die helle Fortsetzung von dem jungen Mädchen, das an einem Herbsttag vor 19 Jahren die Tür zuschloß, um davonzugehen. Ich fühle Zärtlichkeit für die Bewohner dieses Hauses, ein Gefühl, das mich wie ein Mantel umfängt.

Hastig bin ich durch die Straße gegangen. Plötzlich stehe ich vor dem Fachwerkhaus. Aber als ich meinen Fuß auf die letzte Sandsteinstufe setze, die Hand nach dem Klingelknopf ausstrecke, als ich bereit bin, die Tür zu öffnen, zaudere ich, verhalte den Schritt.

Das Zögern dauert nur Sekunden. Doch ich merke, wie sachte ein Funke erglimmt. Da drücke ich auf den Klingelknopf, höre ferne Schritte. Dann öffnet sich die Tür. Vor mir steht eine Frau mit grauen Haaren. Wir blicken uns schweigend und ratlos an. Im Blick dieser Krähenaugen erlöscht der Funke, verstummt das Rinnen, bleibt nichts mehr.

Ich erkenne sie sofort, ich bin erschrocken. Es ist meine ehemalige Lehrerin. Sie führt mich kühl und herrisch ins Haus, ich möchte davonlaufen, fasse mich.

Sie kommen wegen des Sekretärs, sagt sie. Die Stimme ist die alte, krächzend und brüchig, flößt mir Panik ein. Doch ich folge ihr, die Treppe hinauf, ins Wohnzimmer, aus dem Klaviergeholper klingt. Vor meinem kastanienbraunen Klavier sitzt ein alter Mann. Mein Mann, sagt Frau Lampe zu mir. Sie hat geheiratet. Ich blicke auf den krummen Rücken des Klavierspielers, auf die Vogelkrallen auf dem Elfenbein.

Meine ehemalige Lehrerin betrachtet mich gleichgültig. Dann führt sie mich zum Sekretär. Er steht noch immer an derselben Stelle vor dem Fenster gegenüber meinem Kastanienklavier. Mit lautem Knall schlägt der Mann den Klavierdeckel herunter und humpelt ächzend zu mir hin.

Ein schönes Stück, sagt er. Wollen Sie ihn kaufen? Wir haben schon mehrere Interessenten dafür. Warum wollen Sie ihn verkaufen? frage ich. Er stammt doch bestimmt aus Familienbesitz. Der Mann sieht seine Frau an. Wir haben das Haus mit dem Inventar übernommen. Es hat einer Republikflüchtigen gehört, sagt sie.
Klingt die Stimme meiner Lehrerin jetzt wirklich schärfer, oder hat sich mein Gefühl für Nuancen überspitzt? Der Sekretär nimmt zuviel Platz weg, sagt der Mann. Wir brauchen das schwere Ding nicht mehr.
Meine Lehrerin sieht mich starr an. Wird sie mich jetzt erkennen? Was kann sie mir noch anhaben? Da wendet sie sich weg. Neunzehn Jahre verwischen die Zeichen eines Mädchens. Die Landschaft im Gesicht meiner Lehrerin bleibt leer.
Wieviel soll er kosten? frage ich, um den Besuch zu beenden. 2500 Mark sagt sie.
Ich werde es mir überlegen. Ich wende mich zum Gehen. Meine Lehrerin begleitet mich. Den Korridor entlang, an dessen Wänden noch die Jagdtrophäen meines Großvaters hängen, die alten Bilder, sie sind jetzt verstaubt. Der Geruch von Äpfeln ist noch immer in der Diele. Das hat sich nicht geändert. Das nehme ich mit. Die Wirklichkeit beginnt vor mir zu zerfetzen zu konfusen Stücken, ich finde keine Vergangenheit und Gegenwart mehr. Für die Dauer meiner Dielenschritte, hier im Halbdunkel, bin ich nahe daran, mich zu verlieren.
Da öffnet meine Lehrerin die Haustür, die Bauernfliesen in der Diele werden heller. Ich trete in den Tag, bin wieder ich. Woher kommen Sie? fragt meine Lehrerin plötzlich. Ich zucke zusammen, denke, jetzt hat sie mich wie die Hexe aus dem Hinterhalt.
Aus Dresden, lüge ich. Ich bin hier bei Verwandten zu Besuch. Noch immer sehen mich die Krähenaugen an.

Dann schlägt sie wortlos die Tür hinter mir zu.
Das war alles, beginne ich zu denken, als ich die Straße hinuntergehe. Ich muß achtgeben, ich stolpere, meine Schritte sind müde. Keine junge Frau, kein Kinderlachen, denke ich. Für den törichten Augenblick überlege ich, was ist aus meinen Puppen geworden, was macht der Rabenmann an meinem Klavier? Am Ende der Straße, vor dem Rathausbogen, blicke ich zurück. Das Haus meiner Kindheit hat Winteraugen, es ist ein Krähenhaus.
Morgen werde ich den Mittagszug nehmen. Mein Paß in die Vergangenheit ist abgelaufen. Er hat keine Gültigkeit mehr. Im Hotel beginne ich zu packen.
Durch das Fenster weht der herbstliche Klippenwind. Er ist plötzlich hart und rauh. Ich trete ans Fenster und schließe es, weil ich ein wenig friere.

SPÄTE BEGEGNUNG

Er kam am Morgen die Stufen herunter, und die Schatten gingen neben ihm. Sie waren nicht mehr hinter ihm her. Jetzt hatten sie ihn erreicht. Aber ich kam zu spät. Noch am Mittwoch, als der Bote mir das Telegramm mit der Todesnachricht brachte, fuhr ich in die Nacht mit einem schweigsamen Grenzzug. Die Nacht war gespalten: die Stunde vor Mitternacht gehörte noch dem Westen, aber nach 24 Uhr begann die Ostnacht, die nicht mehr seine war.

Ich erkannte den Klang der Türklingel nicht, als ich ihm entgegenging. Viele Male hatte sie in Windnächten meine Rückkehr angeschlagen, aber ich erkannte den Klang nicht mehr. Im Hausflur hing der Duft von Kranzgrün und gemahlenem Kaffee.

Mein Onkel stand jetzt deutlicher vor mir, als in jenen Tagen, die wir gemeinsam durch diese Stadt gegangen waren. Stadt der Kindertage, von dunkleren Farben verwischt.

Im Dämmerlicht des Treppenhauses sahen wir uns an. „Du kommst spät", sagte er mit leiser, brüchiger Stimme.
„Hast du auf mich gewartet?" fragte ich.
„Ich habe immer gewartet", sagte er.
„Du weißt, die Grenze", versuchte ich eine Rechtfertigung, und die Briefe, die ich ihm nicht geschrieben hatte, türmten sich zur Wand.

Er stand jetzt auf der untersten Treppenstufe und winkte mit der Hand.

„Sei ruhig, ich weiß Bescheid. Ich wußte, daß du einmal kommen wirst."

„Kann ich noch etwas für dich tun?" fragte ich zaghaft im Bewußtsein meiner Versäumnisse. Er bewegte leicht den

Kopf. „Es ist alles erledigt, was getan werden mußte. Mach dir keine Gedanken mehr.“

Sein Blick verwischte Zeitgrenzen, und ich sah mich als Kind an seiner Hand. Er zeigte mir die ersten Anemonen im Jahr und begleitete im Herbst meinen Drachenflug. „Was kann ich für dich tun?“ Er wiederholte die Worte wie jemand, der sich an etwas zu erinnern versucht. Lange Zeit hatte niemand ihn so gefragt. Jahrzehnte waren das her. Da kannte man seinen Namen noch. In den Buchprospekten der Verlage war er erschienen, fettgedruckt auf Zeitungspapier und in den Deutschunterrichtsbüchern der Primaner. Das Bücherregal in seinem Zimmer erinnerte ihn daran, wenn er mit dem Staubtuch darüber fuhr.

Manchmal kehrte er zurück. Dann hoben die Schattenhände Stein für Stein aus der Zeitschale. Sie bauten sein Lebensmosaik, bis Bilder entstanden, die er flüchtig halten konnte.

Fremd war er durch die heimatlichen Straßen gegangen, mit dem Trennstrich in Augenhöhe, seinem persönlichen Horizont, der ihn nicht hinüber zu den anderen ließ. Mit zerfahrenen Schritten ging er durch die Stadt, wenn der Traum ihn warten ließ und er nirgends Ruhe fand. Der Bäcker, die Nachbarn und der Papierwarenhändler grüßten ihn. Sie grüßten ihn auch noch, als seine Schritte zaghafter wurden und seine Sprache zu leise war.
Im Hoheitsanspruch von Betonbauten und grellen Lichtreklamen fand sie kein Echo mehr.

Da zog er es vor zu schweigen. Er fiel in Anonymität, wurde der zaghafte, kurzschrittige Mann, bemüht um Unauffälligkeit.

Er stand noch immer auf der Treppe und lächelte mir zu. Ich erkannte alle seine Verzichte und erahnte die Bedeu-

tung dieses Lächelns, das mich schuldig machte, wie ich seine stumme Sprache erst jetzt verstand.
Das Lächeln hielt noch, bis die Wohnungstür geöffnet wurde, in dem jetzt seine Haushälterin stand.
„Herr Höllerer", sagte sie zu mir. Ich blickte an ihr vorbei auf die unterste Treppenstufe. Aber mein Onkel war nicht mehr dort. Glatt und sauber lag der rote Läufer da. Er gab nichts preis.
„Der Wagen muß gleich kommen", sagte die Frau. „Sie brauchen nicht hier im dunklen Treppenflur zu warten. Kommen Sie doch ins Wohnzimmer."
Ich legte Geld auf den Tisch. Sie versprach, für das Grab zu sorgen.
Es regnete, als sie den Sarg in die Gruft hinunterließen.
„Er war einer der unsrigen", sagte der Pfarrer, „ein verdienter Künstler unserer Stadt."
Da verließ ich die Grabstelle.
Die Friedhofsglocke klang zu laut für ein Leben, das so leise war.

SIEBEN SÖHNE

Steppenhaar und Winteraugen und knorrige Borkenhand. Sie steht stumm auf der obersten Stufe des Wohnwagens, Abwehr in Haltung und Gesicht. Es ist trostlos hier um diese Zeit, ohne die Sommerfarben, ohne das Morgenlicht. Die Wagen der Fahrenden sehen müde aus, als seien sie vom langen Halten geschrumpft.
Der Platz ist zerzaust, zersträuppt von Reisig, erfroren in dumpfer Abseitigkeit. Auf der anderen Seite wohnen die Obdachlosen, aber diese und jene trauen sich nicht.
Maria steht noch immer wie festgeeist, ich versuche zu lächeln, erreiche sie nicht. „Nur ein paar Fragen", sagt Felix, der Fotoreporter, zu der knorrigen alten Zigeunerfrau. Sie kennt ihn. Er hat ihr einmal geholfen. Deshalb gibt sie jetzt die Wagentür frei. Propangaskocher und Paprikaduft, Papierblumen hinter der Spiegelwand.
Maria weist auf das rote Plüschsofa, sie selbst bleibt neben dem Vertiko stehen. Noch immer hat sie Argwohn in den Augen und wachsame Vorsicht im Blick. Ich betrachte die schwere Häkeldecke, die alles erstickt im Farbenrausch. Mohn, Kornrade, Sonnenblume, Ähre, ein gehäkeltes Heimatlosenlied. Irgendwo, wo das einmal blühte, ist Maria hergekommen. Aber genau zu sagen, weiß sie es nicht.
Eine Reportage über Landfahrer soll ich schreiben. Zigeuner sagt man heute nicht mehr. Ich schlage meinen Block auf, greife zum Bleistift, blicke zu Maria – dann sehe ich sie. Sieben Gesichter in herzförmigen Rahmen auf der Blumentapete über dem Vertiko. Da fällt Maria aus ihrem Schweigen, kommt zu mir über die Brücke der Fotowand.
„Sieben Söhne", sagt Maria düster, „sieben Söhne hatte ich. Aber jetzt habe ich nur noch diese Wand." Ich wage

nicht zu fragen, weil Maria nun erwacht ist zu kehligem Klagen und kalter Kraft.

Unter heiserem Zischen und drohendem Geflüster ballt sie die Borkenhand, gibt sich preis. „Alle, alle hat er umgebracht.“ Jetzt schreit Maria, schreit mir ihre lange Verzweiflung ins Gesicht. „Der Teufel, der Wahnsinnige, die Bestie, der Mörder, Hitler diese Kreatur.“

Maria schluchzt jetzt, und ich höre sie flüstern die Namen ihrer Söhne, die ihr Hitler nahm. „Umgekommen in Dachau“, sagt Maria. „Zwanzigtausend Zigeuner in Europa, meine Sieben waren dabei.“
Der Haß verjüngt Maria, sie funkelt mich an, fragt: „Warum schreiben Sie das nicht?“
Jetzt kommt sie zu mir mit spröden Schritten, krampft ihre Finger um meine Hand. Ich bin gefangen in der krallenden Vogelklaue, in der Handschelle aus Marias eisernem Schmerz. „Zwanzigtausend“, murmelt Maria wieder. „Niemand spricht darüber, niemand berichtet davon.“
„Schreiben Sie es“, sagt Maria, „man darf nicht vergessen.“ Meine Hand ist kalt in der Grabeshand. Ich versuche, meine Hand zu lösen, doch Maria läßt mich noch nicht frei. Sie blickt zu der Wand zu ihren Söhnen. „Sie waren mein alles“, flüstert sie.
„Wo sind sie jetzt?“ fragt Maria, sie blickt ins Leere, entfernt sich wieder, geht weit von mir fort.
Behutsam streiche ich über Marias Hand. Da helfen keine Worte, da hilft nichts mehr. Marias Hand löst sich. Ich gehe die Stufen hinunter aus dem wartenden Wagen, hinaus auf den Platz.
Sie ist jetzt hinter der Tür verschwunden wie der dunkle Geist einer Alptraumnacht. Ich blicke zu der Tür und zu dem Wagen. Die Räder sind verschmutzt, stecken tief im Schnee.
Wenn der Winter vorbei ist, wird Maria weiterfahren. Dann kommt einer ihrer Neffen von irgendwo zu ihr.
Ich habe Marias Augen gesehen, gehe mit dunklen Gedanken nach Haus.
Maria ist noch immer unterwegs, zu ihren Söhnen, die ihr von Jahr zu Jahr ein Stück mehr entgegengehen.

DER KÖNIG DER FISCHER

Enrico haßte die Hähnchen. Sie hingen an kurzen Haken mit den Hälsen nach unten, und ihre Totenkämme waren farblos fahl. Wenn die Hähnchenhälse auf der Laufschiene im Routinerhythmus zu ihm hinrückten, holte er mit dem Messer aus. Die Hälse und Hahnenkämme fielen dumpf in die Auffangrinne, Blut spritzte wie Sprühregen auf. Das alles ging blitzschnell nach dem Diktat der Laufschiene. Enrico hieb die Hähnchenhälse ab im Lohnakkord. Stunde für Stunde – Jahr für Jahr.

Manchmal war es ihm, als hinge er selbst am Hähnchenhaken, verkantet in der Akkordzange, verankert im Schienengriff. Wie immer, wenn er die Schmerzen im rechten Arm spürte, rettete er sich in seinen Traum.

Da waren das Meer, die ferne Küste, da war der trockene, sprühende Wind. Enrico stand neben Gino und Baptiste und hielt das Fischernetz fest in der Hand. Der Wind zerwehte ihre Haare und machte die Augen klar. Sie riefen sich spöttische Worte zu. Damit überbrückten sie die Anstrengung der Fangnächte, mit den losen Worten, mit dem Kopf im Wind.

Wie rauhes Vogellachen schwangen sich die Stimmen über das schwingende Netz hinweg. Auch damals blitzten scharfe Messer, aber diese Schärfe war erträglicher als die Messerschärfe der Hähnchenfabrik. Sie verarbeiteten die Fische gleich auf dem Kutter, verkauften sie an die Händler am Kai.

Die Fische haßte Enrico nicht. Sie waren für ihn wie eine Gleichung, die er löste und die das Meer befahl. Ihre toten Augen waren ohne Schrecken für Enrico. In mancher Nacht träumte er, die Augen der Fische würden sich in Glaskugeln verwandeln, und die Kinder der Fischer fingen sie auf.

Enrico hatte eine glückliche Hand mit den Fischen. Immer brachte er die reichste Beute heim. Seine Kameraden nannten ihn den König der Fischer, und Enrico war stolz darauf. „Man hat nur für eine Sache im Leben eine gute Hand", sagte Enricos Großvater damals. „Du hast sie für die Fische, denke daran!"

Enrico dachte an die Worte seines Großvaters, aber er dachte niemals daran fortzugehen. Bis die Jahre der Beute vorbei waren, das Meer sich an diesem Küstenstreifen den Fischern verschloß. Eines Tages gab es nichts mehr her. Enrico, Gino und Baptiste verkauften das Boot. Dann gingen sie fort. Jeder für sich allein. Weil Enrico geübt mit dem Messer war, nahm die Hähnchenfabrik in Deutschland ihn auf. Aber niemals wollte Enrico der König der Hähnchen werden. Obwohl er flinker als die anderen war und sie anfingen, ihn böse anzusehen.

„Träumst du, Enrico?" fragte da eine Stimme. „Du sollst zum Chef kommen, komm schon her." Enrico war weit fort gewesen. Er kehrte mit leeren Augen zurück. Jetzt legte er das Messer beiseite, hielt die Laufschiene an, wusch seine Hände und strich sich das Haar aus der Stirn. Sein Arm schmerzte wieder, als er seinem Chef gegenübersaß. Schöne, schale Chefworte fluteten zu Enrico hin. Rationalisierung, Platz für deutsche Arbeitslose, Enrico nickte den Worten nach. Dann sagte der Chef: „Wenn du selbst kündigst, bekommst du eine Abfindung, überlege, Enrico, es ist gut für dich. Damit kannst du neu anfangen in deinem sizilianischen Kaff."

Der Chef nannte eine Summe, die für alle Anfänge zu klein sein würde. Enrico verstand nicht, was ein Kaff war.

Aber er nahm das Wort wie die Abfindung hin.
Dann ertönte die Feierabendsirene, und Enrico streifte

die Hähnchenkleider endgültig ab. Das war jetzt ausgestanden, für immer vorbei.

Als er später auf die Straße trat, fiel der erste Schnee. Die Flocken waren sanft und behutsam und schmeckten auf einmal nach Muscheln und Meer. Enrico mußte es nun Giovanna, seiner Frau, sagen. Sie würden heimkehren ans fischarme Meer.

Obwohl Enrico wußte, daß die Abfindung nicht mehr als ein Almosen war, fühlte er so etwas wie Freiheit in sich. Irgendwie würde es weitergehen. Seine Schritte klangen jetzt jünger und fester, und die Menschen kamen ihm kleiner vor. Aber er hielt sich aufrecht wie damals, zu Hause, als er die unsichtbare Krone trug.

Die Flocken fielen jetzt schneller und dichter, sie deckten die letzten Jahre zu. Als Enrico zu Hause ankam, wischte er den Schnee von den Schultern, aber er wußte, daß es mehr war als dieser erste Schnee.

ÜBER DIE BRÜCKE

Der Junge ging an den Teertonnen vorbei, vorüber an den Lagerschuppen zum silbersonnigen Fluß. In den Morgen, der heute ihm gehörte. Der Eßtopf blecherte monoton in seiner Hand. Oft war er diesen Weg gegangen. Bald mußte der Tunnel kommen, ein zusammengestückeltes Schwarz, spärlich mit Baulampen erhellt.

Der Junge wunderte sich, warum niemand ihm entgegenkam, kein Gruß zur anderen Seite wechselte, warum die Straße so lautlos war. Da waren nur seine Schritte und der Blechgesang des Eßtopfes, ungewohnt und ungedämpft. Noch hatte er keine Erklärung bereit für die Lautlosigkeit um ihn herum.
Der Junge meinte, man müsse das Echo seiner Schritte am anderen Ufer hören, so laut erschienen sie ihm.
Dann stand er vor dem Tunnel. Grobholzig war der Eingang vernagelt. Wegen Bauarbeiten geschlossen, stand auf dem Schild. Die Stille war auf eimal wie ein Filzvorhang, der sich dichter über den Morgen zog.
Der Junge überlegte. Umkehren, über die im Bau befindliche Brücke, dem Filzvorhang entgehen. Er blickte auf die Uhr. Es blieb ihm nicht viel Zeit.
Hoch schwang sich der Brückenrumpf über den Fluß. Stahl- und Holzskelette, Eisen und Beton, in der Mitte Streben wie Gleisschwellen, zum Fußfassen bestimmt. Im Sonnenlicht schimmerten die Eisenbänder blau und kalt, sie wirkten wie gefroren, erstarrt im Frost. Vorsichtig kletterte der Junge das Gerüst hinauf. Nur einmal blickte er nach unten, wo der Fluß schlangenhäutig glitzerte und der Wind die Signale der Schlepper zerschnitt.

Behutsam tasteten die Füße des Jungen von Schwelle zu Schwelle. Es war ein Gang wie auf Xylophonstufen mit

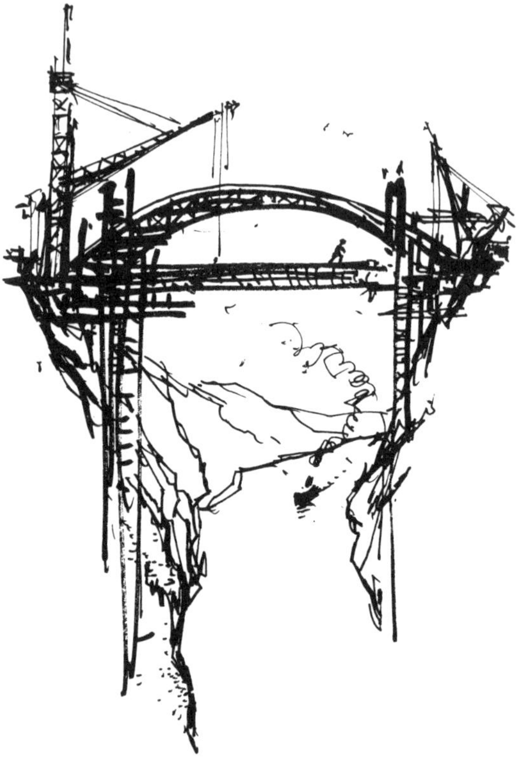

Leertasten dazwischen. Der Junge mußte von Schwelle zu Schwelle springen, denn zwischen den Stufen war das Nichts.
Die Sonne blendete und wurde bedrohlich, und der Weg wuchs zu einem unübersichtlichen Band. Konzentriert arbeitete sich der Junge voran, höher und höher, bis er zum Brückenbogen kam. Da hörte er die Stimmen der Arbeiter von der anderen Seite des Ufers. Sie riefen und warnten vor Weitergang. Aber der Junge hatte sein Ziel in Augenhöhe, jetzt wollte er nicht mehr zurück.

Er spürte die Anstrengung des Aufstiegs in seinen Beinen, aber wenn er jetzt stehenblieb, würde der Weitergang schwerer sein. Noch boten die schmalen Gleisstege Halt. Gleich kam das Ende des Bogens in Sicht. Da blieb der Junge stehen. Er wußte plötzlich, daß der Morgen eine Täuschung war, der Sonnenmorgen und das Möwenlachen und der silbrigschimmernde Fluß.

Am Ende der Brückenbiegung führte der Weg nicht weiter. Es gab keine Schwellen und Streben mehr, nur die Eisenbänder rechts und links mit ihrem kalten Blau, zwischen Wasser und Wolken und Sonnenlicht.

Die Gesichter der Bauarbeiter blickten zu dem Jungen hinauf, fahle, schwimmende Monde, angespannt und stumm.

Der Junge blickte auf die Eisenbänder. Sie waren eine glatte, zynische Erwachsenenentscheidung, die mit Jungenhänden schwer zu greifen war. Ich muß weitergehen, dachte der Junge. Schaffte er den Weg allein, würde er einmal seinen Vater erreichen, ihm einmal ebenbürtig sein. Darauf kam es jetzt an, auf dieses Ziel ging der Junge zu.

Am Ende der Eisenbänder stand sein Vater, ruhig mit festem Blick.

An dem Blick richtete sich der Junge auf und an der dunklen Stimme, die ihm Halt und Festigkeit gab. „Nimm die linke Seite", rief sein Vater ihm zu. „Dort kommt die blendende Sonne nicht hin." Der Junge hob die Hand. Behutsam reihte er seine Turnschuhenschritte auf das schmalglänzende Band.

Er legte einen weiten Weg zurück.

„Junge, Junge", sagte sein Vater anerkennend.

Da reichte er ihm den Eßtopf. Aber die Möwen lachten nicht mehr.

EIN TAG

Immer, wenn Olga Kuhn an dem Hause am Steindamm vorbeiging, spielten Kinder auf dem Hof. Das kalkige Weiß der Wände, um die Mittagszeit mattschimmerig, blendete sie. Der Seewind glitt über die Wellen und die weißen Leinentücher auf der Wäscheleine, zwischen denen die Kinder hüpften und liefen, bunte Bälle kreisten, leuchtende Glaskugeln wie Käfer in den Sand fielen.
Olga Kuhn sah dem Spiel der Kinder zu, dem Licht, das sich vor ihre Füße legte und das sie mit Holzsandalen zertrat. In der Ferne fielen Lichtbündel von kugeligen Klippen in die Wellen, die sie sanft schaukelnd forttrugen.
Während sie am Hause vorbei zum Strand ging, dachte sie an ihre Hinterhofwohnung, den Fetzen Himmel über dem Steinkarree, an die trockenen Balkongeranien. Als Kind trug sie abends eine Papierlaterne, einen feurigen Stern, der in ein behütetes Leben leuchtete.
An die Sterne dachte Olga, als sie am Andenkenladen vorüberging, der die Urlauber mit Seesternen anlockte. Flammendrot hatte dann ein anderer Stern über dem Portal der russischen Kommandantur geleuchtet, auf dem Wege zu ihrer Arbeitsstelle in dem mitteldeutschen Ort. Zu diesem Zeitpunkt hielt Olga Kuhn nichts mehr von Sternen.
In der Nähe des Strandkorbes 54 bekam Olga das unruhige Gefühl der Erwartung. Es schien ihre 46 Jahre auszuradieren, durchpulste, erleichterte sie und setzte sie ins rechte Licht. Sie war dem Licht dankbar, das ihr Haar heller, die Haut schimmernder machte.
Olga leistete sich die kleine Täuschung, die wie ein seltener Stein in ihrem Leben war. Ihr wahrer Tag war längst durchstanden. Damals auf dem Betriebsausflug mit dem

Rheindampfer. „Alte Betriebsnudel" hatte ein Kollege aus der Buchhaltung zu ihr gesagt. Olga hatte damals in ihren Taschenspiegel gesehen, und der Tag mit dem Gesang und Lachen der anderen war vor ihr auseinandergebrochen und konnte nicht mehr gekittet werden. Auch jetzt, vor Strandkorb 54, sah sie in den Spiegel. Ein klares Gesicht, dunkelbraune Haare, graue Fäden dazwischen, eine annehmbare Figur. Die Füße waren zu groß. Olga lächelte.

Im Strandkorb 54 lächelte Paul Ottawie, ein kahlköpfiger Mittfünfziger. Der Schatten warf sein Lächeln in den Sand vor Olgas Füße. Sie bückte sich. Ein Hemdenknopf aus Perlmutt. Er gehörte zu Paul Ottawie. „Ich habe schon auf Sie gewartet", sagte er. Olga nahm neben ihm im Strandkorb Platz.

Sie hatten sich im Hotel kennengelernt. Wie in jedem Jahr, griff Olga auch nach dieser Urlaubsfreude. Es waren Fetzen, dunkle, helle, in all den Jahren, die Olga sammelte. Eines Tages würde sie alle zusammenfalten zu einem Tuch, das sie schmückte mit kaltem Glimmer und schäbigem Glanz.

Paul Ottawie reichte ihr die Sportzeitung. Olga las die Ergebnisse der Fußballspiele. Vor ihnen breiteten sich Familienidylle aus. Auf dem Weg zu den Dünen aßen sie Eis aus Pappbechern, himbeerfarben. Sie stiegen über Beine, Burgen und Bälle.

„Sie sind eine nette Frau", sagte Paul an ihrer Seite. Olga lächelte dazu. Nett, das war so unverbindlich und vor allem so schal. Später küßte Paul sie. Der Himmel war jetzt blaß. Er erinnerte an Scherben, übereinandergeschichtet, voll gläserner Helligkeit.

Am Abend tanzten sie auf der Terrasse des Strandhotels. Olga bewegte sich leicht in Pauls Arm zu seinen schweren Schritten. Er schwitzte. Sie bedauerte ihn ein wenig.

Aber, wenn er bei mir bliebe, würde ich mit ihm leben, dachte sie.
Er brachte sie zum Hotelzimmer. Am anderen Tag mußte er abreisen. Paul fragte nicht, sie fragte nicht. Sie wußten, daß Fragen für sie zu wertlos waren, um gültig zu sein.
Gewiß wird er Kinder haben, dachte Olga, als sie ihn fortgehen sah. Auch sie hätte gern Kinder gehabt.
Jedesmal, wenn Olga am Hause am Steindamm vorbeiging, spielten Kinder auf dem Hof.

WEGWERFSTUNDEN

Die letzten Schritte ging sie über rostige Kabelenden und aufgeweichtes Packpapier. Der Horizont schloß sich wie eine Schiefertafel hinter dem Frachtschiff. Es war der gleiche Horizont, grüngrau, wie in den vergangenen Jahren, die gleiche Regenluft.

Der Erste Offizier salutierte, als sie an Bord kam. Hinter ihm schimmerte das Weiß der Stewartuniform. Der Kapitän hörte seine Frau nicht kommen. Ihre Schritte gingen in den Stewartschritten unter und im Gläserklirren auf seinem Tablett.

Sie ging auf den Kapitänsrücken zu und dachte an die Stunden, die ihnen noch bleiben würden, bevor das Schiff auslief. Weiche, fließende Stunden, von allem losgelöst.

Im Salon lag Asche auf der Tischplatte. Sie wischte sie wie eine graue Erinnerung weg. In der Nacht würde der Frachter Kurs in Richtung Süden nehmen. Sie sah sich am Fenster ihrer Hamburger Wohnung, die Hand im Fell von Guatemala, mit der sie das weise Katzenwarten band. Kalte, trübe Monate hinter dem Fenster mit Guatemala, die immer fror.

Der Stewart servierte Kaffee. Der Kapitän schenkte seiner Frau den Kaffee ein. Er blickte nach draußen. „Da kommen sie", sagte er und stellte seine Tasse weg. Die Frau blickte zum Anlegesteg. „Wieso kommen sie heute?" fragte sie. „Sie haben sich diesmal verspätet", sagte der Kapitän. „Sie wollten schon gestern hier sein."

Die Journalisten lärmten lachend heran. Sie nahmen Besitz von der weißen Tischdecke, vom Lachen des Kapitäns, das seiner Frau gehören sollte an diesem Tag, das nun fremd und hart zersprang. Einen Tannenbaum hatten sie mitgebracht und eine holzgeschnitzte Harzhexe für das Patenschiff. Die Hexe schwang später, klabauter-

haft grinsend und besenreitend, von der Salondecke in den Raum.
Die Kapitänsfrau kannte die Bilder, die sich stets wiederholten zur Weihnachtszeit. Sie sah das Heimarbeitlachen der Hexe bei „Stille Nacht, heilige Nacht" über dem Baum in Jamaica schweben, unter dem Baum das Kapitänsgesicht, während ihr in Hamburg das schwarze Bündel Weichheit Guatemala blieb. Sie blickte zu ihrem Mann hin, der ihr jetzt ferner als Jamaica schien.

Eine Pressedame war dabei, ganz in Grün. Der grüne Vogel schwirrte und erprobte seine Flügel am Kapitänstisch. Eine Stimme rief nach schottischem Whisky, und jemand sprach über getrocknete Fliegen für die Pharmazie. Das Schiff würde die Fliegen auf der Rückreise mitbringen – nach 120 Tagen Einsamkeit.
Der Stewart füllte erneut die Gläser. Als es dunkel wurde, liefen die Journalisten zum Maschinenraum und fragten den Agenten der Schiffahrtsgesellschaft nach Pump- und Hebeldruck aus. Die Pressedame ließ sich vom Ersten Offizier die Geheimnisse der Navigation erklären und legte dafür blauen Lidstrich auf.
Der Fahrer der Journalisten saß unbeteiligt und ungefragt in einer Ecke. Er trank Selterswasser und süßes Bier
Die Stunden gingen, und die Journalisten blieben, bis das Schiff zum Auslaufen klar war. Mitternacht kam, und die Kapitänsfrau wußte, daß es nichts mehr zu hoffen gab. Kein ungesehener Händedruck, keine Zweisamkeitsworte mehr. Ihr Tag war ertränkt worden im Grau des Zigarettendunstes, in der Blindheit der Gläser, der geselligen Einsamkeit.
Als sie ging, sah sie ihren Mann unter dem Hexenlachen. Er hob die Hand und winkte ihr zu.

DAS WAHRE GESICHT

Lebensvoller Leinwandheld mit unbegrenzter Haltbarkeitsdauer, mich täuschst du jetzt nicht mehr; denn ich sehe die Zeichen in deinen Augen, in deiner fahrigen Fieberhand. Viele habe ich so gesehen. Sie lagen grau in weißen Kissen, sie erlebten den Morgen nicht.
Aber du, der du so unverletzbar schienst, jetzt kommst du doch zu mir. In meine Karbolhände, die das Thermometer halten, sind deine Stunden gelegt. Und deine Stunde ist nah. Mich können deine Gaukleraugen nicht beirren. Ich habe den wachen Nachtschwesterblick. In den Filmen warst du lebensnah. Jetzt bist du unendlich weit entrückt.
Verschämt im Nachtschrank liegt dein Toupet, das dir schneeweiße Würde verlieh. So kannten sie dich, mit akkuratem Scheitel und gepudertem Altherrengesicht. Deine Augen, so chagallblau und blitzestrahlend, deine Augen irren jetzt irgendwohin.
Ich fühle deinen Puls, er ist wie weggeweht, dein Herz ist müde und lebensschwer. Deine Hand, laß sie mir, ich will sie halten, denn deine Hand hält jetzt nichts mehr.
Vor dem Krankenzimmer warten die Reporter. Sie setzen mit Schlagzeilen auf deinen Tod. Im Nebenraum höre ich den Familienclan flüstern. „Rufen Sie uns rechtzeitig, Schwester, versäumen Sie es nicht."
Aber dich, Leinwandheld, erreicht das nicht mehr. Laß sie warten, laß sie flüstern, du bist ihnen schon davongeeilt.
Ich nehme das Tuch, um dein Gesicht abzuwischen, da bäumst du dich auf, Irrlichter im zuckenden Gesicht. Meine Arme halten dich jetzt umschlungen, du atmest mühsam, dann fällst du wie Gestrüpp. Noch im Sinken sehe ich deine verzweifelten Augen, die verzerrte Trauer

in deinem Gesicht. Deine grauen, faden, struppigen Haare stehen dir wie brandiger Ginster vom Kopf.
Der Tod ist groß – aber du, Leinwandheld, liegst nun klein vor mir wie ein Sperling, der im Winter erfror. Ein schweres Atmen, ein klägliches Sterben, nicht für Kinoleinwände bestimmt.
Deine Züge sind jetzt glatt, deine Hände offen, du hattest die Welt gewonnen, doch was hast du jetzt? Bald werden sie kommen, dir dein Toupet aufsetzen, dich für das Trauerspektakel zurechtfrisieren. Sie holen dich im Tod noch mit Kameras ein. Ich wende mich ab, mein Herz ist voll Trauer, denn ich habe dein wahres Gesicht gesehen. Total abgeschminkt, vom Schmerz gezeichnet mit unerbittlicher Todeshand.
Bevor sie kommen und lamentieren, drücke ich deine Augen zu. Du bist kleiner geworden, du lächelst, Mime, als hättest du allen etwas vorgemacht.

DIE SCHRANKE

Manchmal höre ich es wieder, das kleine Geklirr der Schranke, über dem schlangenschimmernden Schienenstrang. Ich sehe die Hand an der Kurbel, diese magere Witwenhand, die später hinter der Theke der Bahnhofsgaststätte „Zur Hoffnung" sonnenblumengelbe Limonade vom Faß zapft in die hohen Gläser mit Goldrand hinein.

Die Faßbrause war für meine Zwillingsschwester und mich bestimmt, und wir nahmen sie mit unruhigen Gefühlen in Empfang. Wenn wir ausgetrunken hatten, wartete unser ferner Vater hinter der schimmernden Schranke auf uns. Die Ketten der Schranke klirrten im Wind wie gläserne Tränen.

Diese Schranke gewann für uns Siebenjährige mehr und mehr an Bedeutung. Sie fiel schwerwiegend in unsere Kindheit, als alptraumhafter Trennstrich, spaltete unsere Herzen in zwei Hälften, gab uns preis.

Wir waren Kinder geschiedener Eltern, und wir zeigten Verletzbarkeit. Unser Vater war in den Westen gegangen. Wir lebten mit Mutter in Mitteldeutschland im Großelternhaus. In der Ferienzeit kam unser Vater, den wir hauptsächlich nur von Fotos kannten, vom Westen in den Osten. Er hatte das gerichtlich verbriefte Recht, uns zu sehen.

Mutter legte unsere Sonntagskleider bereit und band uns Schmetterlingsschleifen ins Haar.

Immer gingen wir die drei Kilometer zu Fuß, zum vereinbarten Treffpunkt am Schienenstrang.

Vorbei an Wildrosenhecken, deren Duft wie eine wilde Wolke über der Landstraße hing. Im Hinterzimmer der Bahnhofsgaststätte „Zur Hoffnung" wartete Tante Amalia schon. Sie war mit unserem Vater in die Dorf-

schule gegangen, aber unserer Mutter galt ihre Sympathie.
Tante Amalia gehörte die Bahnhofsgaststätte, und sie war die Herrin des Schienenstrangs. Sechsmal am Tag kurbelte sie die Schranke an der Kleinbahnstation herauf und herunter mit ihrer zuverlässigen Hand. Durch die Gardine des Hinterzimmers spähten wir nach unserem Vater aus. Näherte er sich dem Schienenstrang, erschien in den Augen unserer Mutter ein funkelndes Flackern, und Tante Amalia nahm uns bei der Hand.
Mutter verkroch sich in die Ecke des Hinterzimmers und trank hastig den Inhalt ihres Glases aus.
Tante Amalia überschritt mit uns die Gleise und brachte uns vom Mutterland diesseits der Schranke, jenseits der Schranke auf das Vaterland, wo unser ferner Vater uns lächelnd in Empfang nahm. Wir wurden übergeben wie ein eingeschriebenes Postpaket. Tante Amalia war die Quittung dafür.
Niemals überschritt unser Vater die Gleise, solange er wußte, daß Mutter im Hinterzimmer war. Er wartete auf uns an der Grenze seines Heimatdorfes. Der Schienenstrang war der Trennungsstrich. An der Hand unseres Vaters entfernten wir uns von der Schranke. Wir gingen in Vaters Elternhaus.
Die Ulme vor dem Haus war uns fremd geworden. Es schien, als erkenne sie uns nicht mehr. Einst hatten wir in ihren Ästen gesessen, uns fallenlassen, und Vater fing uns auf.
Aber das war zu einer Zeit gewesen, die es für uns nicht wieder gab.
Unser Vater spielte Vater mit hektischer Heiterkeit bei Kuchen, Kakao und Konditoreis. Er gab uns Geschenke aus dem Westen, die wir ratlos und ernst entgegennahmen. Pünktlich wurden wir dann wieder übergeben in die

zuverlässigen Amalia-Hände am immer noch schimmernden Schienenstrang.
Erleichtert liefen wir ins Hinterzimmer, wo Mutter uns in die Arme schloß, als seien wir lange fortgewesen oder hätten eine Risikoreise gemacht. Hinter der Scheibe sahen wir unseren Vater kleinerwerden. Er drehte sich nicht einmal um.
Tante Amalia aber ging mit festen Schritten zur Schranke und ließ den letzten Zug passieren.
Und es war, als setze das kleine Geklirr der Schranke hinter unsere gespaltenen Gefühle einen faßbrausegelben großen Punkt.

INTERZONENZUG

Sie stand wieder da, unbeweglich, wie ein Signal, das auf den Knopfdruck wartet. In der Richtung, aus der der Zug kommen mußte, war ein Flimmern über den Schienen. Auf einmal, wie wenn ein Signal auf Grün schaltet, begann das Leuchten in ihren Augen. Langsam glitt der Zug aus der Kurve; behutsam, als zögere er, fuhr er ein.

Die Frau mit dem Vorstadtgraumantel ging jetzt an den Abteilfenstern entlang. Sie blickte über die heruntergelassenen Fensterscheiben. Es war, als ernte sie Gesichter ab. Sechziger und siebziger Gesichter über dem gläsernen Scheibengrau. Aber die Frau erreichte die Gesichter nicht. Diese blieben in ihrem Gehäuse unter sich. Manche waren damit beschäftigt, die letzten Tochter-, Sohn- und Enkelblicke auf dem Bahnsteig festzuhalten, damit sie daheim, jenseits der Grenze, nicht verlorengingen.

Die Frau ging bis zum Ende des Zuges, als suche sie etwas, aber die Gesichter blieben wie eingeweckt. Ich könnte die Gesichter sortieren, dachte die Frau, als sie langsam wieder zurückging. Wie Aschenputtelerbsen. Die guten ins Töpfchen, die schlechten ins Kröpfchen. Aber wer wußte, wo die guten und schlechten waren. Die Frau lächelte über diese Gedanken. Sie erschrak, als die Türen zufielen, mit diesem Laut der Endgültigkeit.

Dann fuhr der Zug mit den alten Gesichtern langsam aus dem Bahnhof hinaus. Die Frau blickte ihm lange nach, rückwärts gehend, bis sie gegen einen jungen Mann stieß. Entschuldigen Sie bitte, sagte sie leise. Doch der junge Mann lachte nur. Wohl den Mumienexpreß verpaßt, Oma? fragte er. Mumienexpreß? wiederholte die Frau verstört. Sie hatte das Wort noch nicht gehört. So heißt bei uns der Interzonenzug, klärte sie der Kordhosige auf.

Mumienexpreß, sagte die Frau noch einmal, während sie die Treppe hinunterging.
Im Vorstadtbus sah sie noch immer die Gesichter, die sich wie Kullererbsen zu gleichen schienen, nur daß es für die Gesichter Grenzen gab. Für heute hatte sie ihn hinter sich, ihren Nachmittagsgang zum Bahnhof, den sie nicht wollte und doch täglich ging. Wie unter einem Zwang. Seitdem die Besuche ihres Sohnes so selten waren, machte sie den Bahnhofsgang. Ich habe alles, es geht mir gut hier, dachte die Frau. Und doch war diese Unruhe da, das haltlose Getriebensein. Ja, wenn Hermann noch lebte, überlegte die Frau. Aber Hermann, ihr Mann, war endgültig von ihr gegangen. Ein Leben lang waren sie in dem kleinen Ort in Mitteldeutschland zusammengewesen. Seit Hermanns Tod entfernte sich der Ort mehr und mehr von ihr.
Um so näher kam die Weststadt, in der ihr einziger Sohn lebte. Komm rüber, schrieb er ihr, was willst du ohne Vater dort? Hier bekommst du eine gute Pension.
Die Frau überlegte lange. Die Briefe waren lockend wie die Briefe ihrer Jugend, die sie von Hermann einst bekam. Noch zögerte sie, alles aufzugeben. Sie war im Fortgehen nicht geübt. Dann, als die Briefe ihres Sohnes drängender wurden, beantragte sie die Ausreisegenehmigung. Sie bekam sie schnell. Ihr Sohn hatte für sie eine kleine Wohnung in der Vorstadt gemietet mit Balkon und Blumen und Fernsehapparat. Er besuchte sie regelmäßig, einmal in der Woche. Dann wurden seine Besuche seltener. Die Frau fand sich damit ab. Sie hatte alles, was sie zum Leben brauchte, aber nichts, das ihr gefrorenes Gefühl hätte auftauen können.
Warte ab, du wirst dich schon eingewöhnen, tröstete sie ihr Sohn. Aber die Frau fand sich nicht zurecht. Zu Anfang fütterte sie die gefräßigen Vögel auf dem Balkon.

Doch die Vögel flogen davon. Es war, als pickten sie mit dem Futter, das sie streute, alle fußfassenden Gedanken weg. Sie blieb in der Vorstadtschwebe, suchte keinen Kontakt.
Die Frau schloß jetzt die Wohnungstür auf. Sie zog ihren Mantel aus und kochte Kaffee. Dann setzte sie sich auf den Balkon, trank den Kaffee und blickte vor sich hin. Sie hatte den Willen dazu gehabt, sich hier einzuleben, zunächst war alles interessant und neu. Dann kamen die leeren Tage, an denen ihr Herz zu frieren begann. Jetzt ist es wie eine spiegelblanke Fläche geworden, alles prallt davon ab, dachte sie. Schon lange wartete sie nicht mehr auf die Besuche ihres Sohnes. Sie fütterte die gefräßigen Vögel nicht mehr.
Manchmal träumte sie von Hermann. Hermann wartete auf sie. Rasen überwucherte jetzt ihren Platz neben ihm. Sie war Hermann untreu geworden. Deshalb rief er sie manchmal in der Nacht. Sie war sich selbst untreu geworden. Die Grenze verlief in ihr. Längst hatte sie erkannt, daß sie zum Fortgehen zu alt gewesen war. Sie hatte sich selbst heimatlos gemacht, gehörte nirgendwo mehr hin. Es blieb ihr der Gang auf den Bahnhof zu dem Interzonenzug. Jeden Nachmittag um halb vier stand sie dort. Und sie wünschte sich oft, eines der Gesichter hinter den Fensterscheiben im Interzonenzug zu sein. Aber für eine Rückkehr, und sei es nur für Stunden, war es jetzt zu spät. Die Frau wußte, kehrte sie um, würde alles noch auswegloser sein.
Was war es, was mich nach einem zufriedenen Leben im Alter über die Grenze rief? fragte sie sich oft. Aber die Antwort, die sie in den Interzonenzuggesichtern suchte, fand sie nicht. Wenn der Zug anfuhr, strichen die Gesichter wie zerdrückte Papiervögel an ihr vorbei.

OHNE VISUM UND VISIER

Blendende Bläue über dem Blockkarree, eine Bläue, die wie mit Messern aus Frost den Augusttag hart durchtrennt. Traumhitze wie Watte so dicht, im Fensterrahmen Stagnation. Ich bin eingerastet im Hitzerahmen, der Tag gehört mir nicht.

„Thälmann, Thälmann vor allen" sangen die Jungen Pioniere am frühen Morgen, als ich ging. Sie sangen an mir vorbei, endgültig, und nur ich wußte, daß ich für Gesänge wie diese nicht mehr erreichbar war. Hier im Flüchtlingslager Berlin-Marienfelde, an diesem grellen Augusttag, hatte nichts mehr Gültigkeit außer dem Nummernschild anstelle meines Namens und dem höhnischen Formularlachen der pausenlosen Bürokratie. Giftig grün zwangen die Formulare mich zu Antworten, die ich zu diesem Zeitpunkt noch nicht geben konnte.

Türen, immer wieder Türen, auf- und zuschließbare Schleusen für Flüchtlingsströme von Ost nach West.

Das mephistophelische Lächeln im Mondgesicht des Geheimdienstlers, die fangglatte Seifenstimme glitten an mir vorbei. Ich war für die Stimme nicht ergiebig, das Lächeln wurde ausgeknipst, ich durfte weitergehen. Hin zum rauchblauen Ärztinnenblick, der seziermesserscharf taxierte. Ich stand mit fünf anderen vor diesem Blick, der hier alle Tage nur bis zur Gürtellinie reichte. „Keine Filzläuse", sagte die kühle Stimme, „die Nächsten bitte, das muß schneller gehen!"

Im fensterlosen Schlauch der Kleiderkammer drückte mir eine Ordnerin Decken in den Arm. Dann eine Feldwebelstimme, die mich in andere Gänge dirigierte, zwei Treppen hinauf in den zweiten Stock.

Meine Zimmernachbarin, die aus Gotha kam, war fröhlich, als wäre das ein Ausflugslokal. Sie lachte und zeigte mir den West-Lippenstift, den sie eingehandelt hatte in einem Augenflirt mit einem Jungen aus Ost-Berlin. Die Frühreife mit ihrem Lippenstifttrost ging leichtfüßig und summend aus der Tür. Die Stunden zwischen Gängen und Formblättern hatten ihr nichts ausgemacht.

Block A bis Z sind voll belegt, fest umschlossen und sicher bewacht. An diesem Tag kamen Zweitausend hierher, von der Panikwelle angeschwemmt. Morgen konnte es zu spät sein, dann gab es keine Wege mehr.
Ich fühle mich jetzt festgekittet im Rahmen, eingezäunt in der Freiheit und kann den Tag nicht fassen in seiner zerfahrenen Hast.

Aus der Schattenecke hinter dem Eisengestell des Bettes schleichen die alten Gespenster heran. „Geh, so lange du fortgehen kannst, eine Mauer wird gebaut", flüsterten sie mir zu. Mit noch nicht 20 Jahren eingemauert im Kommunismus, horizontlos abgeschnitten, für immer hinter Steinen verbannt. Da konnte es nur diesen Weg für mich geben, denn ich war nicht zum Bleiben hinter Mauern bestimmt.

Ich darf nicht an den Glanz der Augustäpfel denken, an meinen Kindheitsgarten, der verloren ist. Aber niemand wird das Gesicht meiner Katze im Winterglühen des Kamins erblicken, und die Geschichten der Plüschsesseloma im Bratäpfelwinkel werden für immer mir gehören.

Der Himmel vor dem Fenster ist tiefer geworden. Da schießen Raketen in die Luft. Irgendwo hinter den Lagerblöcken wird ein Fest gefeiert, und im glitzernden Gesprühe und Gekreise versinkt der letzte Augustsonnenrand. Auf einmal zerschneidet das Himmelsspektakel ein weit schwingender, anmaßender Glockenton. Die Glocke der Lagerkirche klingt mit ihrem Hochmut an unsere Heimatlosenherzen an. Dann ein Bläserchoral, von

Lautsprechern übertragen, dem niemand hier entrinnen kann.
Großer Gott, wir loben Dich.
Ich ziehe die rauhe Decke über die Augen, verkrieche mich in einem Winkel Dunkelheit.
Thälmann, Thälmann vor allen.
Großer Gott, wir loben Dich.
Das wird für lange dissonant bleiben. Da gibt es keine Harmonie.
Herr, wir preisen Deine Stärke, singt der Lautsprecherchor zum Bläserton. Zu einem Zeitpunkt der Ratlosigkeit, an einem Tag, wo alles verletzt, das Feuerwerk und der schwingende Glockenton.
Ich gehe wieder zum Fenster und sehe wie am Himmel der letzte feurige Funken verlöscht. Und als die Glocken schweigen und der Choral keine Strophe mehr hat, fühle ich den Trennstrich in mir wie einen spitzen Pfeil. Doch über dem Trennstrich lauert die Fremde, der ich von nun an ausgeliefert bin. Ich bin ohne Visum und Visier gekommen, auf dem Papiervogelflug, der Freiheit heißt.
Ich trete vom Fenster, gehe zum Bettrand, mache für Sekunden die Augen zu.
Da spüre ich, wie in mir behutsam eine kleine Zuversicht wächst. Aus dem Boden des Niemandslandes heraus, beinahe eine Hoffnung, die wie ein Ja an die Fremde ist.